Greg Riether

Wahre Gnade: Die Wunder Jesu

Greg Riether

Wahre Gnade

Die Wunder Jesu

Aus dem Amerikanischen von
Gabriele Kohlmann

Die Deutsche Nationalbibliothek verzeichnet diese Publikation in der Deutschen Nationalbibliografie; detaillierte bibliografische Daten sind im Internet über https://www.dnb.de abrufbar.

Bibelzitate, sofern nicht anders angegeben, wurden der *Schlachter Bibelübersetzung* entnommen. Bibeltext der Schlachter, © 2000 Genfer Bibelgesellschaft. Alle Rechte vorbehalten. Alle Bibelübersetzungen wurden mit freundlicher Genehmigung der Verlage verwendet. Hervorhebungen einzelner Worte oder Passagen innerhalb von Bibelstellen wurden vom Autor vorgenommen.

ELB *Revidierte Elberfelder Bibel,* © 2006 SCM R.Brockhaus, Witten.
EÜ *Einheitsübersetzung der Heiligen Schrift,* © 2016 Kath. Bibelanstalt GmbH, Stuttgart.
GNB *Gute Nachricht Bibel,* revidierte Fassung, © 2000 Deutsche Bibelgesellschaft, Stuttgart.
HFA *Hoffnung für alle,* © by Biblica, Inc.®, hrsg. von Fontis.
KJV *King James Version*
LUT *Lutherbibel,* Revidierte Fassung von 1984, © 1985 Deutsche Bibelgesellschaft Stuttgart.
NLB *Neues Leben Bibel,* © 2006 SCM R.Brockhaus, Witten.
ZÜB *Züricher Bibel,* © 2007 Verlag der Züricher Bibel beim Theologischen Verlag Zürich.

Umschlaggestaltung: spoon design, Olaf Johannson
Umschlagbild: Aitor Serra Martin, shutterstock.com
Illustration: Daria Ustiugova, shutterstock.com
Lektorat: Thilo Niepel
Satz: Grace today Verlag
Druck: CPI – Clausen & Bosse, Leck
Printed in Germany

1. Auflage 2021

Paperback: ISBN 978-3-95933-168-5, Bestellnummer 372168
E-Book: ISBN 978-3-95933-169-2, Bestellnummer 372169

www.gracetoday.de

Inhalt

Vorwort

Die Buchreihe »Wahre Gnade« mit ihren Bänden »Die Lehren Jesu«, »Die Gleichnisse Jesu« und »Die Wunder Jesu« entstand aus dem tiefen Wunsch, die Evangelien mit neuen Augen zu betrachten. Aus zwei Gründen fühlte ich mich dazu veranlasst.

Zunächst einmal wurde meine Theologie, die zwanzig Jahre lang meine Grundlage gewesen war, durch eine tiefere Offenbarung der Gnade ernsthaft erschüttert. Dieses einzigartige Konzept, demzufolge alle meine Sünden (vergangene, gegenwärtige und zukünftige) von Jesus am Kreuz zusammengetragen und in vollem Umfang bezahlt worden waren, war etwas, das ich so nie zuvor verstanden hatte. Durch Christus versöhnte Gott die Welt (die ganze Welt!) mit sich selbst, indem er den Menschen ihre Sünden nicht anrechnete (siehe 2Kor 5,19). Gott rechnet dir deine Sünden niemals zu; er hat sie allesamt Jesus zugerechnet! Unser religiöses Schema, Gott um Vergebung anzuflehen, wie auch immer sich das in den jeweiligen Denominationen abspielt, ist nicht biblisch.

Ganz im Gegenteil! Es ist schädlich für das Volk Gottes, weil es die Menschen nie vollständig aus ihren Verdammnisgefühlen und der Furcht vor Gott *hinausführt* und sie niemals vollständig in ihre Würdigkeit und Gerechtigkeit, die uns von Jesus als Geschenk gegeben wurden, *hineinführt.*

Die Wahrheit des Evangeliums ist: Wir sind *»für immer vollendet«* (Hebr 10,14)! Und nicht: »vollendet, bis wir das nächste Mal sündigen«. (Alle, die jetzt 1. Johannes 1,9 als Einwand vorbringen, sollten eine kurze Abhandlung von Bob George mit dem Titel *What About 1 John 1:9?* lesen. Dieser Vers – eigentlich das gesamte erste Kapitel des 1. Johannesbriefs – wurde an Gnostiker innerhalb der Kirche geschrieben, die mit der wahren Identität Jesu oder mit seiner Mission, sein Volk dauerhaft von der Sünde zu befreien (»Nur dann, wenn der Sohn euch frei macht, seid ihr wirklich frei« – Joh 8,36 NLB), nicht in Einklang standen. Johannes schrieb ihnen diese Dinge, damit sie in die wahre Gemeinschaft mit den Gläubigen in Jesus würden eintreten können (»Wir sagen euch, was wir selbst gesehen und gehört haben, damit ihr Gemeinschaft mit uns habt« – 1Joh 1,3 NLB).

Das reine Evangelium der Gnade, unsere ewige Erlösung, ist die großartige, geradezu schockierende Botschaft des neuen Bundes in Jesus. Menschen, die »geistlich arm« sind, erben das Königreich! Was Jesus und seinen neuen Bund betrifft, bleibt nur eine Frage: Glaubst du das? Diejenigen, die glauben, haben das ewige Leben. Wer nicht glaubt, ist bereits verurteilt (Joh 3,18). Als ich diese tiefere Offenbarung über das vollendete Werk Christi empfing, erschloss sich mir die Bibel wie nie zuvor. Es war, als hätte ich eine völlig neue Bibel! So viel Freude!

Darüber hinaus begann ich zu sehen, wen Jesus in den Evangeliumsberichten verkörperte, nämlich die Übergangsfigur zwischen dem alten Bund des Gesetzes und dem neuen Bund der Gnade. Heute erscheint alles so elementar, aber zu der damaligen Zeit war es eine gewaltige Offenbarung. Jesus tat während seines Dienstes stets eines von zwei Dingen: Entweder begrub er Menschen unter den Forderungen von Gottes Gesetz, damit sie ihre Eigenbemühungen um Gerechtigkeit aufgeben würden – eine Person zu hassen kommt demzufolge einem Mord gleich; eine Person nur zu begehren ist bereits Ehebruch etc. –, oder er wusch sie auf neue und lebendige Weise gemäß der Gnade. So machte er zum Beispiel der Frau, die beim Ehebruch ertappt wurde, das Geschenk der »Nichtverurteilung«! Wenn du die unterschiedlichen Beweggründe Jesu nicht nachvollziehen kannst, wenn du nicht verstehst, dass der neue Bund erst mit dem Tod von Jesus in Kraft trat, und auch nicht erkennst, dass ein Großteil von Jesu Lehren ein Angriff auf das System der »Eigenbemühung« (das System des Fleisches) war, wirst du allen Reden Jesu die gleiche Bedeutung beimessen. Du wirst dann glauben, sie richteten sich allesamt an gläubige Christen. Diese Herangehensweise hat den Lehren Jesu großen Schaden zugefügt und viele Gläubige in Verdammnis und Furcht festgehalten. Diese Buchreihe ist darum bemüht, die kraft- und gnadenvollen Worte Jesu und sein Wirken neu zu erfassen, damit wir die beeindruckende Schönheit und den Skandal des *»fleischgewordenen Wortes voller Gnade und Wahrheit«* (siehe Joh 1,14) erkennen können.

Ich glaube, diese Lehreinheiten werden dich mächtig segnen. Ich bin fest überzeugt, dass der Heilige Geist die hier dargelegten Wahrheiten in deinem Herzen bestätigen wird. Freue dich, mein Freund. Jesus ist so gut! Und Papa liebt dich!

Greg Riether

Einleitung

Die Wunder Jesu, von denen in den Evangelien berichtet wird, wurden von den Menschen seiner Zeit nie in Frage gestellt; nicht einmal von den religiösen Würdenträgern, die ihn hassten. Kajaphas, der Hohepriester, und seine Gefolgsleute zum Beispiel versuchten nie, Lazarus' Auferweckung von den Toten zu widerlegen (Joh 11,47–53). Dieses öffentliche Wunder hatte zu viele Zeugen, um einfach vom Tisch gewischt zu werden. Aber Kajaphas' Reaktion ist interessant. Anstatt Jesus als den von Gott Gesandten anzuerkennen, veranlasste ihn dieses Wunder dazu, ein Kopfgeld auf Jesus auszusetzen und seine Tötung zu planen (Joh 11,53). Auch die Heilung des Mannes, der von Geburt an blind war, rief bei den religiösen Führern Zorn hervor. Aber so sehr sie es auch versuchten, konnte das Wunder doch nicht ignoriert werden. Am Ende befahlen die religiösen Führer, Gott die Ehre für das Wunder zu geben (Joh 9,24). In Anbetracht dieser überwältigenden Machtdemonstration war ihre Weigerung, die Göttlichkeit und Autorität Jesu anzuerkennen, ein völliger Widerspruch.

Im Johannesevangelium wird deutlich, dass es durchaus möglich war, Zeuge eines Wunders Jesu zu werden (sogar von ihm geheilt zu werden, wie im Fall des Gelähmten am Teich von Bethesda in Johannes 5) und dennoch zu verkennen, was das Wunder über Jesus aussagt. Jesus sagte zu der Menge, die ihn nach dem Wunder der Speisung der Fünftausend aufspürte: »Ihr sucht mich nicht deshalb, weil ihr Zeichen gesehen, sondern weil ihr von den Broten gegessen habt und satt geworden seid« (Joh 6,26). Sie sahen das Wunder (und hatten sogar Teil daran!), aber sie »sahen« das Zeichen nicht. Deshalb sagte Jesus, sie seien blind.

Johannes nennt die Wunder in seinem Evangelium »Zeichen«. Ein Zeichen ist etwas, das von sich selbst weg und hin auf eine größere Wirklichkeit deutet. Das Wunder, Wasser in Wein zu verwandeln, war das erste »Zeichen« des Wirkens Jesu. Johannes nennt die Heilung des Sohnes des königlichen Beamten das zweite Zeichen (Joh 4,54). Interessanterweise vollbrachte Jesus zwischen diesen beiden Zeichen vermutlich noch viele andere Wunder. Wie Johannes 4,45 sagt, nahmen die galiläischen Juden Jesus auf, »weil sie alles gesehen hatten, was er während des Festes in Jerusalem *getan hatte*«. Sie waren von den Wundern schwer beeindruckt und wollten mehr sehen. Als Nächstes wird dann die Heilung des Sohnes des königlichen Beamten erwähnt – nicht als weiteres Wunder (wie die in Jerusalem), sondern als ein Zeichen. Mit anderen Worten, die Menschen sollten aus diesem Wunder etwas lernen, das über den »Wow«-Effekt hinausging. Selbst wenn man die »Zeichen« im Johannesevangelium nur oberflächlich betrachtet, liegt die Schlussfolgerung auf der Hand: Die in diesem Evangelium festgehaltenen Wunder sind übernatürliche, gottgegebene Lehreinheiten, die etwas Tieferliegendes über das Werk und den Dienst Jesu offenbaren.

Von den Zehntausenden von Wundern, die Jesus wirkte, sind vierunddreißig in den Evangelien festgehalten. Diese vierunddreißig wurden vom Heiligen Geist handverlesen und sollen uns als Bilder den neuen Bund in Jesus erläutern. Bei der Verfluchung des Feigenbaums verdorrte der Baum und starb. Das ist ein Zeichen; es ist ein Bild von Gott, der unsere Bemühungen verflucht, mit unserer Sünde selbst fertig zu werden. (Adam und Eva bedeckten sich mit Feigenblättern; sie versuchten, selbst etwas zu *tun*, um mit ihrer Sünde fertig zu werden.) Jesus stellt sich gegen unsere bemühten Versuche, mit unserer Schande und Verdammnis selbst umzugehen, indem er den Feigenbaum verflucht. Das ist ein Bild.

Denk darüber nach. Jesus hat viele Tausende Wunder getan. Wenn große Menschenmengen von Zehntausenden zu ihm strömten, wird das in allen Evangelien stets gleich kommentiert: »Und er heilte sie alle« (siehe Lk 4,40; Mt 9,35; 15,30; 19,1–2; Mk 6,56, um nur einige Stellen zu nennen). Johannes selbst sagt: »Es sind aber noch viele andere Dinge, die Jesus getan hat; und wenn sie eines nach dem anderen beschreiben würden, so glaube ich, die Welt würde die Bücher gar nicht fassen, die zu schreiben wären« (Joh 21,25). Ist es nicht interessant, dass von den Tausenden von Wundern, die Jesus im Laufe seines Wirkens tat, genau sieben im Johannes-Evangelium aufgezeichnet sind? Sollten wir Johannes nicht beim Wort nehmen und diese Wunder als sieben Zeichen sehen, als sieben Lehreinheiten, die vom Heiligen Geist handverlesen wurden, um uns über Jesus und sein Werk Aufschluss zu geben? Die Zahl Sieben an sich steht für Vollendung oder Vollkommenheit. Ich glaube, dass diese sieben Wunder, wenn sie zusammengenommen und als Zeichen empfangen werden, die Lehren Jesu aufschlüsseln und tiefgreifende Wahrheiten darüber vermitteln, warum Jesus gekommen ist und welche Botschaft wir von ihm empfangen sollen.

Bitte verstehe, dass ich die Kraft an sich, die in diesen Wundern liegt, nicht kleinreden will. Ich glaube, dass jedes dieser Wunder eine echte Demonstration übernatürlicher Kraft war und tatsächlich stattgefunden hat. Ich möchte einfach nur unterstreichen, was auch Johannes festgestellt hat, und zwar, dass Gott uns in diesen Wundern mehr sehen lassen möchte. Historisch betrachtet ist dies schon immer Gottes Vorgehensweise gewesen.

Denk nur an die Geschichte von Abraham und von Isaak, der zum Opfer geführt wurde (ein echtes Ereignis in der Weltgeschichte). Und doch zeichnet dieses Ereignis nicht einfach das Bild eines Vaters, der bereit ist, den geliebten Sohn zu opfern. Vielmehr steht es als prophetisches Bild für den Vater, der tatsächlich seinen innig geliebten Sohn für die Sünden der Welt opfern würde. Jedes Detail dieser Geschichte – angefangen beim Holz, das Isaak tragen musste, bis hin zu der vorgesehenen Opferstätte – wurde von Gott arrangiert, um seine prophetische Botschaft zu vermitteln. Es gibt hierfür viele andere alttestamentliche Beispiele; in ihnen ist jedes Detail, von den Namen der Menschen und Städte bis hin zu den Gegenständen, die merkwürdigerweise beschrieben werden, integraler Bestandteil des »Zeichens«. Diese Beispiele offenbaren den Reichtum, der in Gottes prophetischer Botschaft des neuen Bundes zu finden ist. Wenn Gott zu unserer Unterweisung derart anschauliche, lebensnahe Gleichnisse im Alten Testament veranlasst hat, sollten wir im Dienst seines Sohnes gewiss noch weitaus mehr Vergleichbares finden – dieser ist schließlich Dreh- und Angelpunkt der Geschichte, Höhepunkt der Manifestation des Vaters und der Vollendung seines Heilsplans für die Menschheit.

Ich hoffe, du wirst von der Schönheit, der Kraft, dem Mitgefühl, der Weisheit, der Gnade und der Liebe, die offenbar werden, wenn du diese Zeichen unseres geliebten Herrn Jesus auf klarere Weise »siehst«, genauso begeistert sein wie ich. Wie wunderbar ist unser Herr Jesus!

Kapitel 1

WASSER IN WEIN

Und am dritten Tag war eine Hochzeit in Kana in Galiläa, und die Mutter Jesu war dort. Aber auch Jesus und seine Jünger waren zur Hochzeit geladen. Und als der Wein ausging, sagt die Mutter Jesu zu ihm: Sie haben keinen Wein mehr. Und Jesus sagt zu ihr: Was hat das mit dir und mir zu tun, Frau? Meine Stunde ist noch nicht da. Seine Mutter sagt zu den Dienern: Was immer er euch sagt, das tut. Es standen dort aber sechs steinerne Wasserkrüge, wie es die Reinigungsvorschriften der Juden verlangen, die fassten je zwei bis drei Maß. Jesus sagt zu ihnen: Füllt die Krüge mit Wasser! Und sie füllten sie bis oben. Und er sagt zu ihnen: Schöpft jetzt und bringt dem Speisemeister davon. Und sie brachten es. Als aber der Speisemeister das Wasser kostete, das zu Wein geworden war, und nicht wusste, woher es war – die Diener aber, die das Wasser geschöpft hatten, wussten es –, da ruft der Speisemeister den Bräutigam und sagt zu ihm: Jedermann setzt zuerst den guten Wein vor, und wenn sie betrunken sind, den schlechteren. Du hast den guten Wein bis jetzt zurückbehalten. Das tat Jesus als Anfang der Zeichen in Kana in Galiläa, und er offenbarte seine Herrlichkeit, und seine Jünger glaubten an ihn. — Johannes 2,1–11 ZÜB

Ich möchte dir zeigen, auf welch wunderbare Weise unser Herr Jesus sich in seinem ersten öffentlich vollbrachten Wunder offenbart. Der Apostel Johannes erklärt auch sofort, dass dies nicht nur ein Wunder, sondern ein Zeichen sei. *»Das tat Jesus als Anfang der Zeichen in Kana in Galiläa, und er offenbarte seine Herrlichkeit, und seine Jünger glaubten an ihn«* (Joh 2,11). Ein Zeichen weist auf eine Wirklichkeit hin, die größer ist als es selbst. Dieses Wunder weist auf die Wahrheit darüber hin, wer Jesus ist und was er mit seinem Kommen für dich zu tun beabsichtigte.

Hier ist das Szenario. Jesus ist als Gast auf einer Hochzeit. Seine Mutter ist dort. Auch seine Jünger sind dort. Und im Verlauf der Hochzeitsfeier geht den Feiernden der Wein aus. Jesu Mutter kommt zu ihm und sagt ihm, was los ist: »Sie haben keinen Wein mehr.« Sehen wir uns seine Antwort an. Er sagt in Vers 4: *»Was hat das mit dir und mir zu tun, Frau?«*, wobei die Bezeichnung »Frau« hier als liebevoller Kosename zu verstehen ist. In der Langform könnte man es auch so ausdrücken: »Wir sind nicht die Gastgeber, meine Liebe. Es ist nicht unser Problem, und wir sind nicht gebeten worden, etwas dagegen zu unternehmen.« Aber Maria, seine Mutter, möchte, dass er etwas dagegen unternimmt. Und Jesus tut es!

Ist das nicht typisch für Jesus? Jesus reagiert auf die Bitte eines Menschen, der an ihn glaubt (in dem Fall seine Mutter) und sich für jemanden einsetzt, der nicht an ihn glaubt. Jesus beantwortet das Gebet einer gläubigen Person und tut etwas für einen Menschen, der nicht einmal weiß, dass er es Jesus zu verdanken hat, wenn ihm etwas Wunderbares widerfährt. So liebevoll ist Jesus! So gut ist er! **Er wird dein Gebet für einen ungläubigen Menschen erhören. Weil du mit ihm im Bund bist, wird er jemanden auf deine Bitte hin segnen, obwohl diese Person nicht im Bund mit ihm steht.** Maria weiß, dass er ihre Bitte erhören wird. Sie sagt den Dienern: »Was immer er euch sagt, das tut.« Und Jesus vollbringt aufgrund seiner Güte und aufgrund ihres Glaubens nicht nur ein erstaunliches Wunder, sondern zeigt uns darüber hinaus in symbolischer Form, worum es in seinem Dienst geht.

»Es standen dort aber sechs steinerne Wasserkrüge, wie es die Reinigungsvorschriften der Juden verlangen, die fassten je zwei bis drei Maß« (Vers 6). Jesus sagt zu ihnen: »Füllt die Krüge mit Wasser!« Denk mal nach: Wenn es Jesu Ziel war, den Weinvorrat wieder aufzufüllen, warum wies er sie dann nicht an, die leeren Behältnisse einzusammeln, in denen der ausgeschenkte Wein gewesen war? Warum nicht diese mit Wasser befüllen? Das hätte ich getan und vermutlich auch du: Lass uns das Leergut einsammeln und wieder voll machen.

Jesus will damit etwas Bestimmtes sagen. Er beobachtet die Partygäste, er sieht sie zu diesen Wasserkrügen aus Stein gehen. Jeder Krug fasst etwa 130 Liter. Das ist in etwa das, was in die normale Bio-Tonne passt, die vermutlich auch bei dir hinterm Haus steht. Was machen die Leute mit diesen Krügen? Die Hochzeitsfeier dauert schon eine ganze Weile (der Wein ist ausgetrunken, wie wir wissen). Jedes Mal, wenn eine Person sich hinsetzen und einen Happen essen möchte, geht sie zuerst zu den Wasserkrügen hinüber, streckt die Hände aus, und ein Diener gießt dreimal Wasser auf ihre Hände, die sie dreimal wäscht. Danach kann sie essen. Man könnte meinen, dass die Leute einfach auf gute Hygiene achteten. Aber das hat nichts mit Hygiene zu tun. Das hier ist zeremonielles Reinigungswasser.

Die Juden wuschen sich vor dem Essen die Hände. Dieser Vorgang wurde *Netilat Jadajim* genannt, was wörtlich »hocherhobene Hände« bedeutet. Dies geschah nicht aus hygienischen Gründen; es wurde nicht getan, um Keime zu entfernen. Es sollte vielmehr verhindern, dass sündige Unreinheit in den Körper eindringt und man dadurch noch unreiner wurde.

Es gab Dinge, die nach dem Gesetz des alten Bundes einen Menschen unrein machten, wenn er sie anfasste. Wenn man ein totes Tier berührte, war man danach unrein. Berührte man jemanden, der ein totes Tier berührt hatte, war man unrein. Schüttelte man auf dem Markt jemandem die Hand, der gerade Fleisch gekauft hatte (und daher unrein war), konnte man ebenfalls unrein werden. Mit unrein war »für Gott nicht annehmbar« gemeint. Es gab viele Möglichkeiten, sich zu verunreinigen. Aber der Punkt ist, dass sie glaubten, man sei für Gott unannehmbar, wenn man eine verunreinigte Person berührte. Und dann, um die Sache noch schlimmer zu machen, wurde man *so richtig* unrein, wenn die unsauberen Hände Essen berührten und man diese Speise *aß*. Wer das tat, verunreinigte sein gesamtes Inneres und zog den Zorn Gottes auf sich.

Und deshalb lag große Betonung darauf, achtsam zu sein und Verunreinigungen abzuwaschen. Man tat es, um für Gott annehmbar zu bleiben. Die Tatsache, dass es sechs Krüge waren, ist aufschlussreich. Was bedeutet die Zahl Sechs? Sechs ist nicht nur die Zahl des Menschen. Sechs ist das Symbol für menschliche Anstrengung. In der Bibel gibt es 315 Beispiele, in denen die Sechs als Zahl eine Rolle spielt. Ein hebräischer Sklave musste sechs Jahre lang arbeiten, danach war er frei. Josua und seine Armee marschierten sechs Tage lang um Jericho herum. Der alte Bund besagt, du musst sechs Tage arbeiten, aber der siebte ist ein Sabbat. Nach dem Gesetz arbeitest du sechs Tage und darfst dich dann am Sabbat, am Samstag als letztem Tag der Woche, ausruhen.

Unter dem neuen Bund ist es genau andersherum. *Du lebst aus der Sabbatruhe heraus.* Wir beten an am Sonntag, dem Tag der Auferstehung, dem Siegestag unseres Herrn, und aus dieser wahren Sabbatruhe heraus, in der für alles gesorgt ist, leben wir unsere Woche in vollständiger Versorgung. Unter dem Gesetz arbeitest du; unter der Gnade ruhst du und *Gott* arbeitet. Unter dem Gesetz sorgst du für dich selbst (Arbeit, Arbeit, Arbeit … sechs Tage); unter der Gnade sorgt Gott für dich (Ruhe, Ruhe, Ruhe … sieben Tage).

Es gibt sechs steinerne Wasserkrüge, die unsere eigenen Bemühungen darstellen. Bemühungen worum? Uns rein genug für Gott zu waschen! Einer für jeden Arbeitstag unter dem alten Bund: Sonntag, Montag, Dienstag, Mittwoch, Donnerstag, Freitag. Arbeit, Arbeit, Arbeit und waschen, waschen, waschen. Und – bist du jemals sauber?

Die Steinkrüge dienen der Praxis des ständigen Reinigens; man tut immerzu Buße und ist doch nie rein. Dieses aus Waschungen bestehende System wurde entwickelt, um mit der Unannehmbarkeit einer Person vor Gott umzugehen. Die Sache ist nur, dass dieses Waschen nicht die Lösung war. Es war Knechtschaft. Es gibt hier ein Problem – ein Problem, das ihre Waschpraktiken nicht lösen konnten. Das Problem mit der Unreinheit ist kein äußerliches, das die Haut betrifft. *Es ist ein innerliches und betrifft das Herz.*

Jesus hasste diese Praktik, weil sie die Menschen in die Irre führte. Sie gaukelte ihnen vor, sie könnten ihr Sündenproblem selbst lösen. Sie hielt die Menschen in einem Dauerzustand der Buße, Schuld und Scham gefangen. Sie konnten nie die vollständige Annahme durch Gott erfahren, weil ihre Sünde nie endgültig beseitigt wurde.

Lukas 11 beschreibt eine Szene, in der Jesus zum Mittagessen im Haus eines Pharisäers ist. Noch viele andere Leute sind anwesend, nicht nur dieser Pharisäer, sondern auch andere Pharisäer und Gesetzesgelehrte. Jesus nimmt Platz am Tisch. Er geht dabei ganz bewusst an den Wasserkrügen vorbei, die dort für die Reinigung und fürs Händewaschen bereitstehen, und setzt sich, *ohne sich zuvor die Hände gewaschen zu haben.* Jesus setzt sich absichtlich ohne die zeremonielle Waschung an den Tisch. Der Pharisäer ist erstaunt über das Verhalten Jesu!

»Sein Gastgeber wunderte sich, dass er [Jesus] Platz nahm, ohne zuvor die vorgeschriebene Waschung zu vollziehen« (Lk 11,38 NLB). Er wunderte sich! Das war kein staunendes Wundern. Das war bestürztes Wundern. Im Talmud, der jüdischen Auslegung von Gottes Gesetz, kam das Nichtwaschen vor dem Essen in der Schwere des Vergehens einem Ehebruch gleich. Wenn man sich nicht wusch, lud man den Zorn Gottes auf sich, der in Form von plötzlicher Zerstörung und Armut über einen hereinbrechen würde. Das war es, was sie glaubten. Das ist die wahre Knechtschaft des Gesetzes unter dem alten Bund. Alles hängt von der eigenen Leistung ab und man weiß nie, wann einen der Zorn Gottes trifft. Und wenn im Leben etwas Schlimmes passiert, dann geschieht es, weil man es verdient. Es gibt in jeder Kirche Menschen, die das immer noch glauben. Sie haben noch nicht die Erfahrung gemacht, von Gott vollständig angenommen zu sein. Sie wissen nicht, dass Jesus die Sünden ihres gesamten Lebens genommen und für diese Sünden bezahlt hat. Wenn Jesus für alle deine Sünden bezahlt hat, wie könnte Gott dann verlangen, dass auch *du* für sie bezahlst? Jesus hasste diese Praktik des Waschens, weil sie die Menschen davon abhielt, den neuen Bund zu verstehen, und zwar, dass Gott selbst für die endgültige Lösung des Sündenproblems sorgen würde.

Alle stehen in der Schlange an, um sich vor dem Mittagsmahl die Hände zu waschen. Jesus ignoriert die Schlange, geht direkt zum Tisch und setzt sich. Alle sind schockiert. Das ist seine Art, eine höfliche Tischkonversation zu beginnen. In Vers 39 eröffnet er sie mit folgenden Worten: *»Ihr Pharisäer achtet peinlich genau darauf, Becher und Teller äußerlich zu säubern, doch innerlich seid ihr alles andere als rein, sondern voller Habgier und Bosheit!«* Jesus hasste dieses Waschritual, weil es die Menschen daran hinderte, das eigentliche Problem zu erkennen. Das wahre Problem ist die Sünde, und dieses Sündenproblem geht von unserem Inneren aus.

Es geht darum, wer wir sind, und nicht darum, was wir getan haben. Die Menschen denken, Sünde sei das, was man tut. Nein, die Sünde liegt im Wesen. Du bist nicht deshalb ein Sünder, weil du sündigst. Du sündigst, weil du ein Sünder bist.

Die Menschheit unterliegt einem Makel, der uns in Feindschaft zu Gott stehen lässt. Diesen Makel hast du von Adam geerbt. In Römer 5,12 NLB heißt es: *»Die Sünde kam durch einen einzigen Menschen in die Welt – Adam. Als Folge davon kam der Tod, und der Tod ergriff alle, weil alle sündigten.«* Es gibt nichts, wodurch du dieses grundlegende Sündenproblem ändern könntest. Alles Abmühen und alles Waschen können uns dabei nicht helfen. Egal, welche Methode du anwendest, um mit deiner Sünde fertig zu werden, sie ist nutzlos. Im Inneren sind wir tot. Und gegen das Totsein hilft nur, zum Leben erweckt zu werden! Die Lösung für den Tod ist die Auferstehungskraft. Wir müssen im Inneren wieder lebendig gemacht, gereinigt, neu erschaffen werden.

Zurück zur Hochzeit: Jesus sagt ihnen, sie sollen die Wasserkrüge mit Wasser füllen, und sie befolgen seine Anordnung. Und dann verwandelt Jesus das Wasser in den Wasserkrügen in Wein. Mich begeistert das. Ich finde es deshalb so toll, weil Jesus ihnen das Werkzeug für ihre Dauerschufterei wegnimmt, indem er das Wasser in den Wasserkrügen in Wein verwandelt. Die Wasserkrüge für ihre Waschungen sind randvoll mit Wein. Womit sollen sie sich nun waschen? Jesus füllt die Krüge mit einem neuen Bund, mit dem Symbol dessen, was wirklich rein macht – *ohne Waschung, einfach durch Empfangen.*

Der Wein ist das Symbol der beiden Bünde, weil er sinnbildlich für Blut steht. Die Bibel sagt: *»Ohne Blutvergießen gibt es keine Vergebung der Sünden«* (Hebr 9,22 NLB). Im Alten Testament konnte die Sünde nur durch das Tieropfer zugedeckt werden, denn dabei wurde Blut vergossen. Unter dem neuen Bund wird die

Sünde durch das Blut Jesu vergeben. Nur die Blutbünde konnten jemanden rein machen. Die Selbstwaschung hat einen nicht rein gemacht. Und stell dir vor, auch die Eigenbemühungen in der heutigen Kirche machen niemanden rein. Auch Sünden zu bekennen macht nicht rein. Nur das vergossene Blut Jesu hat die Macht, das zu tun. Du musst deine Eigenbemühungen aufgeben. Es gibt nur einen, der reinigt, und derjenige bist nicht du.

Am Abend vor der Nacht, in der Jesus verraten wurde, legte Jesus sein Gewand ab, schlang sich ein Handtuch um die Taille und begann, den Jüngern die Füße zu waschen (Joh 13,4). Dies war nicht bloß ein Demutsakt, wie manche es annehmen. Jesus sagte damit nicht einfach nur: »Seht ihr, ich hab mich demütig gezeigt, indem ich euch die Füße gewaschen und euch gedient habe, also solltet auch ihr demütig dienen.« Nein, er sagte: »Was ich tue, versteht ihr jetzt noch nicht.« Wenn es nur ein Demutsdienst gewesen wäre, dann wäre die Sache klar gewesen. Aber Jesus sagt: »Was ich tue, wird für euch erst später einen Sinn ergeben. Es liegt ein tieferer Sinn in meiner Handlung.« Das »Später«, von dem Jesus spricht, ist das »Später«, mit dem jeder Gläubige in Berührung kommt, nachdem er in Jesu Namen zum Heil gelangt ist. Jeder tut Dinge, die nicht richtig sind, auch wenn er zum Glauben gekommen ist. Wie also soll man mit dem Gefühl der Selbstverurteilung umgehen?

Im Mittelalter haben sich die Menschen mit Geißeln selbst ausgepeitscht, weil sie dachten, sie könnten sich auf diese Weise von ihren Sünden reinigen. Peitsch, peitsch, peitsch … »Ich verdiene deine Vergebung nicht, aber ich peitsche mich in Demut und Bußfertigkeit selbst aus, um zu zeigen, wie leid es mir tut.« Peitsch, peitsch, peitsch. Heutzutage muss man sich nicht selbst auspeitschen; man muss nur eine Kirche finden, die das Gesetz Gottes predigt und die den alten Bund und den neuen Bund vermischt –

der Prediger wird von der Kanzel aus gern für dich die Peitsche führen. Und dann geißelst du dich, bis du das entsprechende Maß an Schuld und Reue erreicht hast, indem du deine Sünde bekennst, um Vergebung zu erlangen. Aber woher weißt du, ob du genügend Reue empfindest? Vielleicht hat es dir ja gar nicht leidgetan. Vielleicht hättest du am Bußaltar noch fünf oder zehn Minuten länger weinen sollen. Woher weißt du, wann du reumütig genug gewesen bist? Ich wusste es nie, als ich noch in dieser Sklaverei festgekettet war.

Petrus ist bestürzt, weil Jesus ihm die Füße waschen will. Petrus findet, seine Füße sollte er selbst waschen. Er werde nicht zulassen, dass Jesus das tut. Aber Jesus erklärt ihm den **Schlüssel zur vollständigen Vergebung**. *»Petrus, wenn ich dich nicht wasche, hast du keinen Anteil an mir. Wenn ich es nicht tue, wird es nicht getan. Wenn nicht ich derjenige bin, der dich reinigt, wirst du nicht rein sein«* (siehe Joh 13,8). Also reinigt Jesus ihn mit dem Wasser. Hier geht es um das Wasser des Wortes. Das Wasser des Wortes erinnert dich daran, dass deine Sünden bereits vergeben sind. Es ruft dir ins Gedächtnis, dass du für immer zu ihm gehörst. Das Wasser des Wortes wäscht die Verurteilung ab, mit der wir uns selbst verurteilen, wenn wir in Sünde verfallen.

Erinnere dich, was Jesus ihnen an jenem Abend sagte: *»Ihr seid bereits rein. Und wenn eine Person rein ist, braucht sie sich nur noch die Füße waschen zu lassen.«* Wie du siehst, hat Jesus dich in deinem Geist schon rein gemacht, und deshalb bist du für den Vater immer annehmbar. »Ihr seid bereits rein.« Aber was Jesus entfernt, ist die Unreinheit der *Selbstverurteilung*, die von der Welt in unsere Seele gelangt – überall dort, wo unser Leben diese Welt berührt. Er tut es, indem er uns mit seinem Wort wäscht, und zwar jedes Mal, wenn wir es hören. Jesus möchte, dass wir genau *das* füreinander tun. Baden wir uns gegenseitig im Wort. Sprechen wir über das, was er für uns getan hat, über die Vergebung, die er uns geschenkt hat, und über die Reinigung, die wir bereits erfahren haben.

Jede Person in Christus ist jetzt und für immer rein. Das Wort wäscht uns und erinnert uns hieran, wenn wir versagen. Und deshalb beendete Jesus die Waschung seiner Jünger mit den Worten: *»Auch ihr sollt einander die Füße waschen«* (Joh 13,14). Es ist unser Vorrecht, einander an das erstaunliche, mächtige, vollendete Werk Jesu zu erinnern, das er in jedem Gläubigen vollbracht hat. Wir erinnern uns gegenseitig an die Kraft des für uns vergossenen Blutes Christi.

Es ist sein Blut, das durch den Wein symbolisiert wird. In der Nacht, in der er verraten wurde, nahm er den Kelch, dankte, gab ihn allen zu trinken und sagte dabei: »Dieser Kelch ist der neue Bund in meinem Blut« (1Kor 11,25). Sein Blut wurde ein einziges Mal zur Vergebung aller Sünden vergossen (Hebr 10,12). Das Sündenproblem existiert nicht mehr. Es ist weg. Wie viel Mühe musst du investieren, um rein zu bleiben? Gar keine. Unsere Bemühungen können das, was Jesus getan hat, weder bereichern noch schmälern.

Beim Hochzeitswunder sagte Jesus zu den Dienern: »Füllt die Krüge mit Wasser.« Und sie füllten sie bis zum Rand (Joh 2,7). Bis zum Rand! Wenn etwas bis zum Rand gefüllt ist, wie viel Platz bleibt dann noch für anderes? Keiner!! Wie viel Wasser hätte noch zusätzlich hineingepasst? Gar keines. Da ist nur Jesus! Es ist alles sein Werk und nichts von dir. Für Selbstwaschungen ist da kein Platz mehr.

Vielleicht bist du ja so, wie ich während des Großteils meines Erwachsenenlebens war. Ich habe mich abgerackert, habe geschuftet, um heilig und mit Gott im Reinen zu bleiben, und habe dabei doch nie zu der von Jesus für mich erkauften Sabbatruhe gefunden. Das sind die Plage und der Irrglaube unserer Tage. In diese lebenswichtige Wahrheit führt der Heilige Geist seine Gemeinde. Der Schleier wird entfernt. Wenn du ebenso müde bist, wie ich es war, wenn du genauso erschöpft bist von dem Hamsterrad, in dem Sünde und Buße einen ständigen Kreislauf bilden, dann lädt Jesus dich ein, daraus auszusteigen. Für alle deine Sünden, vergangene, gegenwärtige und zukünftige, hat Jesus bereits bezahlt. Es gibt nichts mehr zu begleichen, nichts mehr zu tun. Jesus sagte: »*Kommt alle her zu mir, die ihr euch abmüht und unter eurer Last leidet! Ich werde euch Ruhe geben. Vertraut euch meiner Leitung an und lernt von mir, denn ich gehe behutsam mit euch um und sehe auf niemanden herab. Wenn ihr das tut, dann findet ihr Ruhe für euer Leben. Das Joch, das ich euch auflege, ist leicht, und was ich von euch verlange, ist nicht schwer zu erfüllen*« (Mt 11,28–30 HFA). Das Joch der Religion ist nicht leicht; es bedeutet Knechtschaft, es ist schwer und es ist mühevoll. Das ist nicht das Joch, das Jesus dir auflegt. Wirf dieses Joch der Religion ab und nimm das Evangelium, die gute Nachricht, an.

Ich will dir sagen, mit welcher »Arbeit« du dich für Gott annehmbar machst: Du setzt dich und du sagst zu Jesus: »Danke – dass ich rein bin, dass ich eine neue Kreatur bin.« Kein Betteln, kein Flehen. Kein Waschen, kein Kriechen, keine Selbstquälerei – nur Empfangen. Er hat dich von der Sünde gereinigt. Du bist bereits rein. Dann waschen wir einander mit dem Wort, immer und immer wieder, um uns gegenseitig an sein in uns vollbrachtes Werk zu erinnern. Deine Aufgabe dabei ist nur, zu empfangen. Setze dich und sage: »Danke.«

Kapitel 2

DER SOHN DES KÖNIGLICHEN BEAMTEN

Jesus kam wieder nach Kana in Galiläa, wo er das Wasser in Wein verwandelt hatte. In Kafarnaum lebte ein königlicher Beamter; dessen Sohn war krank. Als er hörte, dass Jesus von Judäa nach Galiläa gekommen war, suchte er ihn auf und bat ihn, herabzukommen und seinen Sohn zu heilen; denn er lag im Sterben. Da sagte Jesus zu ihm: Wenn ihr nicht Zeichen und Wunder seht, glaubt ihr nicht. Der Beamte bat ihn: Herr, komm herab, ehe mein Kind stirbt! Jesus erwiderte ihm: Geh, dein Sohn lebt! Der Mann glaubte dem Wort, das Jesus zu ihm gesagt hatte, und machte sich auf den Weg. Noch während er hinabging, kamen ihm seine Diener entgegen und sagten: Dein Junge lebt. Da fragte er sie genau nach der Stunde, in der die Besserung eingetreten war. Sie antworteten: Gestern in der siebten Stunde ist das Fieber von ihm gewichen. Da erkannte der Vater, dass es genau zu der Stunde war, als Jesus zu ihm gesagt hatte: Dein Sohn lebt. Und er wurde gläubig mit seinem ganzen Haus. So tat Jesus sein zweites Zeichen, nachdem er von Judäa nach Galiläa gekommen war. — Johannes 4,46–54 EÜ

Die Heilung des Sohnes des königlichen Beamten ist ein wichtiges Zeichen und wir müssen es richtig verstehen. Das erste Zeichen war die Verwandlung von Wasser in Wein. Johannes sagt in Kapitel 4, Vers 54, dass Jesus mit der Heilung des Sohnes dieses königlichen Beamten *»sein zweites Zeichen [tat], nachdem er von Judäa nach Galiläa gekommen war«*. Es ist nicht das zweite *Wunder*, denn Jesus hatte zuvor schon viele Heilungswunder in Jerusalem vollbracht, aber es ist das *zweite Zeichen.* Das ist wichtig, also lass uns dieses Zeichen genau erkunden.

Hier ist der Kontext: Kurz vor diesem Wunder war Jesus in Samaria gewesen und hatte zwei Tage lang den Menschen in Sychar gedient. Es fing damit an, dass er eine Samariterin am Brunnen traf und mit ihr redete, und am Ende lernte fast die ganze Stadt Jesus kennen, hörte seinen Lehren zu und begann, an ihn zu glauben. Nun waren die Samariter keine reinen Juden. Es würde in eine lange Geschichtsstunde ausarten, wenn man sich richtig damit befassen wollte, aber im Grunde reicht es zu wissen, dass die Juden auf die Samariter herabsahen, weil deren Blutlinie nicht rein war. Sie wurden als Mischlinge angesehen und waren im Tempel in Jerusalem nicht wirklich willkommen. Aber Jesus geht zu ihnen, sie nehmen ihn bereitwillig auf und er verbringt zwei Tage dort. Und eigentlich beginnt unsere Geschichte schon hier, in Vers 43.

»Nach diesen beiden Tagen ging er von dort nach Galiläa. Jesus selbst hatte nämlich bezeugt: Ein Prophet wird in seiner eigenen Heimat nicht geehrt. Als er nun nach Galiläa kam, nahmen ihn die Galiläer auf, weil sie alles gesehen hatten, was er in Jerusalem auf dem Fest getan hatte; denn auch sie waren zum Fest gekommen« (Verse 43–45). Hier wird ein Vergleich gezogen und es ist wichtig, ihn zu verstehen. Jesus sagt: »Ein Prophet wird in seiner eigenen Heimat nicht geehrt.« Er kam gerade aus Samarien, das nicht sein Land war, und befand sich auf dem Weg nach Galiläa, seinem Heimatland. Jesus sagt, er werde als Prophet in seinem Land nicht gewürdigt. Dennoch lesen wir, dass die Galiläer Jesus aufnehmen. Sein eigenes Volk hat ihn aufgenommen. Was also geht hier vor?

Johannes will hier etwas ganz Bestimmtes zum Ausdruck bringen. Was bedeutet es, jemanden zu ehren? Wir waren wahrscheinlich alle schon bei Veranstaltungen, bei denen eine Person für ihren besonderen Einsatz geehrt wird. Und wenn die Leute im Publikum applaudieren, sagen sie der Person damit: »Wir schätzen Sie, wir schätzen, wer Sie sind, und wir schätzen, was Sie für uns, für die Gemeinschaft getan haben.« Ehre hat etwas mit Wertwahrnehmung zu tun. Jesus sagt, ein Prophet wird in seinem eigenen Land nicht geehrt. Das, was einen Propheten zum Propheten macht, ist die Tatsache, dass er für Gott spricht. Oder anders gesagt, er wird durch seine Worte und seine Botschaft definiert. Einen Propheten zu ehren bedeutet also, seine Worte wertzuschätzen und sie zu beachten und die darin enthaltene Botschaft zu beherzigen. Wenn ein Prophet in seinem eigenen Land nicht geehrt wird, bedeutet das, seine Worte und seine Botschaft werden nicht aufgenommen und nicht befolgt.

Jesus war gerade aus Samarien gekommen, wo er sich zwei Tage lang aufgehalten und gedient hatte. Hat man dort die Lehre Jesu aufgenommen? Hat man sein Wort beachtet? Sieh dir Vers 40 an: *»Als die Samariter zu ihm kamen, baten sie ihn, bei ihnen zu bleiben; und er blieb dort zwei Tage. Und noch viel mehr Leute kamen zum Glauben an ihn* – (weshalb?) – *aufgrund seiner eigenen Worte.«* Das klingt jetzt irgendwie trocken und belanglos. Aber das ist es nicht. Was genau taten sie? Sie haben Jesus geehrt, indem sie seine Worte wertschätzten und ihnen Glauben schenkten. Oder anders gesagt: Das, was Jesus über sie und über Gott sagte, wurde von ihnen gern angenommen.

Doch was geschah, als Jesus in Galiläa ankam? *»Als er nun nach Galiläa kam, nahmen ihn die Galiläer auf, weil sie alles gesehen hatten, was er in Jerusalem auf dem Fest getan hatte; denn auch sie waren zum Fest gekommen«* (Vers 45). Haben sie ihn aufgrund seiner Lehre, seines Wortes aufgenommen? Nein, für sein Wort waren sie nicht empfänglich; sie nahmen lediglich seine Wunder zur Kenntnis. Sie sahen die Dinge, die er tat. Das ist die Unterscheidung, die Johannes macht, und sie ist der Schlüssel zum Verständnis des Zeichens, das Jesus gleich geben wird.

Man denke an den Dienst, den Jesus in Samaria unmittelbar nach seiner Begegnung mit der Frau am Brunnen tat. Wie viele Wunder bewirkte Jesus in Samaria? Keines. Jedenfalls keines, das dokumentiert wäre. Sie empfingen ihn auf der Grundlage seines Wortes. Und Jesus, als der Prophet, wurde geehrt. Aber unter den Juden wurde Jesus nicht geehrt. Sie nahmen ihn aufgrund seiner Wunder auf, aber im Großen und Ganzen lehnten sie ab, was er über sie zu *sagen* hatte, und sie lehnten auch ab, was er über den Vater zu *sagen* hatte.

Das ist ein wichtiger Punkt, der sich durch das ganze Johannesevangelium zieht. Sieh dir Johannes 2,23 (NLB) an: *»Durch die Wunder, die er während des Passahfestes in Jerusalem tat, glaubten viele Menschen an seinen Namen.«* Was haben sie geehrt? Sie ehrten die Zeichen und Wunder. Und sie glaubten an seinen Namen. Man könnte es auch so formulieren: Sie glaubten an seinen Namen und erlangten einen gewissen Zustand des Glaubens an Jesus.« Ja, das taten sie, aber es war unwissender Glaube. Sie verstanden nicht ihre Gerechtigkeit, sie verstanden nicht die Liebe des Vaters und sie verstanden nicht ihre Autorität, die Gott den Gläubigen gibt.

Sie waren von den Wundern Jesu zutiefst beeindruckt, aber sie verstanden nicht, warum diese Wunder geschahen. Sie verstanden nicht, inwiefern das Reich Gottes für sie greifbar geworden war. Sie verstanden nicht, weshalb Jesus auf der Erde war oder was er mit seinem Leiden und seinem Tod bewirken würde. Sie verstanden nicht seine Lehre über den neuen Bund oder darüber, wie sehr sie vom Vater geliebt wurden oder dass Jesus ihr Sündenproblem beheben würde, indem er für ihre Sünden bezahlte. Sie kapierten nichts von alldem. Das Ergebnis: Sie glaubten an Jesus, aber ihrem Glauben fehlte die solide Basis.

Dies ist die Antwort Jesu an diejenigen, die sich nur aufgrund der Wunder zum Glauben an seinen Namen bekannten und nicht wegen seiner Worte an sie: »*Aber Jesus vertraute sich ihnen nicht an, denn er kannte sie und wusste, wie es in den Menschen wirklich aussieht. Ihm brauchte über die menschliche Natur niemand etwas zu sagen*« (Verse 24–25 NLB). Er hat sich ihnen nicht anvertraut. Wem hat er sich nicht anvertraut? Gläubigen Menschen. Es ist interessant, dass hier in beiden Fällen dasselbe griechische Wort verwendet wird. An der einen Stelle heißt es, dass die Menschen an seinen Namen glaubten (*pisteuo*), was oft mit Vertrauen übersetzt wird. Sie »pisteuo«-vertrauten auf Jesus, Jesus hingegen »pisteuo«-vertraute sich ihnen nicht an.

Jesus hat nie gesagt: »Wenn meine Wunder in euch bleiben, werdet ihr die Wahrheit erkennen, und die Wahrheit wird euch frei machen.« Nein, er sagte: *wenn mein Wort in euch bleibt.* Er hat nie gesagt: »Wenn meine Wunder in euch bleiben, könnt ihr bitten, um was ihr wollt, und es wird euch gewährt werden.« Nein, sondern: *wenn mein Wort in euch bleibt.* Und warum? Weil jedes Wunder nur eine äußerliche Machtbekundung ist. Wunder wirken nur direkt auf das Fleisch, auf das Physische. Aber das Wort Jesu zu empfangen und seinem Wort – dem, was Jesus sagt – zu glauben, das wirkt sich auf die Seele und den Geist aus. Wenn heute ein Wunder geschieht, bewegt es die Menschen zu dem Glauben, dass Jesus real ist. Aber das ist nur die Tür. Es schafft nur die Gelegenheit, die Menschen mit dem Wort der Gnade zu füllen. Die tiefere Frage ist immer, ob man glaubt, was Jesus sagt, oder nicht. Glaubst du, was Jesus über dich sagt? Glaubst du, was Jesus über den Vater sagt? Glaubst du, dass er absoluten und endgültigen Frieden zwischen dir und Vater-Gott geschaffen hat? Glaubst du, dass Gott dir nie etwas vorwirft und er niemals, zu keiner Zeit, böse auf dich ist; dass er ein Vater ist, der dich liebt?

Dies waren alles Worte Jesu, die die Juden nicht aufnehmen konnten. Nikodemus in Johannes 3 ist ein Paradebeispiel dafür. Nikodemus sah die Wunder. In Vers 2 sagt er zu Jesus: »*Niemand kann die Zeichen tun, die du tust, wenn nicht Gott mit ihm ist.*« Doch was Jesus lehrte, konnte Nikodemus weder empfangen noch verstehen. »*Denn Gott hat die Welt so sehr geliebt, dass er seinen einzigen Sohn hingab, damit jeder, der an ihn glaubt, nicht verloren geht, sondern ewiges Leben hat*« (Joh 3,16 EÜ). Gott hat die Welt so sehr geliebt. Er liebt diese Welt. Er liebt die Menschen. Er liebt alle Menschen. Nicht nur die Juden. Nicht nur Menschen wie dich. Er liebt die Sünder. Er liebt verlorene Menschen. Er liebt diese Welt so sehr. Siehst du, das ist das Wort. Kannst du diesen winzigen Splitter davon annehmen?

Manche Leute können damit nicht umgehen. Sie glauben, Gottes Herz sei voller Zorn gegenüber den Menschen. Und seine Gerechtigkeit verlange, Sünder zu bestrafen. Es ist wahr, dass unsere Sünden einer Wiedergutmachung bedurften. Aber Jesus war diese Wiedergutmachung. Er trug unsere Sünde und Gottes Zorn ergoss sich auf ihn. Jesus nahm alles auf sich. Das ist das Wort. Wenn du das empfängst, wirkt es sich nicht nur auf deinen Körper aus, sondern auch auf die Seele und den Geist. Jesus legte für Nikodemus eine Wahrheit nach der anderen aus. Nikodemus war das Beispiel eines Menschen, der aufgrund der Wunder an den Namen Jesu glaubte, sich aber nicht dazu durchringen konnte, den Worten Jesu zu vertrauen und sie anzunehmen.

»*Als er nun nach Galiläa kam, nahmen ihn die Galiläer auf, weil sie alles gesehen hatten, was er in Jerusalem auf dem Fest getan hatte; denn auch sie waren zum Fest gekommen. Jesus kam wie-*

der nach Kana in Galiläa, wo er das Wasser in Wein verwandelt hatte. In Kafarnaum lebte ein königlicher Beamter; dessen Sohn war krank« (Joh 4,45). Jesus ist also in Kana, und dieser königliche Beamte ist gerade aus Kafarnaum gekommen, das gut 32 Kilometer entfernt liegt. *»Als er hörte, dass Jesus von Judäa nach Galiläa gekommen war, suchte er ihn auf und bat ihn, herabzukommen und seinen Sohn zu heilen; denn er lag im Sterben. Da sagte Jesus zu ihm: ›Wenn ihr nicht Zeichen und Wunder seht, glaubt ihr nicht‹«* (Verse 46–48).

Was passiert hier gerade? Dieser Mann läuft fünf Stunden lang durch die Gegend, um zu Jesus zu gelangen, den er anfleht, mit ihm zurück nach Kafarnaum zu kommen, um seinen Sohn zu heilen, der am Rande des Todes steht. Dann heißt es: *»Da sagte Jesus zu ihm.«* Zu wem spricht Jesus? Zu diesem Beamten. Aber wen verkörpert dieser Beamte? Worin besteht das Zeichen? Dieser königliche Beamte steht für ganz Israel, das von den Wundern beeindruckt ist, nicht aber von Jesu Lehre. Das Israel, das seiner Lehre nicht vertraut, seine Lehre nicht empfängt und sein Wort nicht annimmt. Jesus sagt ihm: *»Wenn ihr nicht Zeichen und Wunder seht, glaubt ihr nicht.«*

Dieser Mann fleht Jesus an, seinen Sohn zu retten. Ist Jesus hier unbarmherzig? Reagiert er auf die Krise dieses Mannes mit theologischen Spitzfindigkeiten? Nein, es ist ein Zeichen. Ohne das innewohnende Wort Jesu, ohne das Verständnis von der Liebe des Vaters für dich, von Jesus, der dir Frieden geschaffen hat, und ohne den Heiligen Geist, der dir Autorität über Sünde, Krankheit und den Teufel gegeben hat, hast du keine Macht. Hätte dieser Mann das *Wort* Jesu empfangen, dann hätte er nicht über 30 Kilometer laufen müssen, um Jesus zur Heilung seines Kindes zu bewegen; er hätte sein Kind selbst geheilt. Er hätte verstanden, wie wertvoll er ist – *»Denn Gott hat die Welt so sehr geliebt …«*. Er hätte verstanden, dass Jesus sich um das gesamte Sündenproblem kümmerte – »... *dass er seinen einzigen Sohn hingab ...*« –, und er hätte den Nutzen daraus verstanden – »... *damit jeder, der an ihn glaubt, nicht verloren geht, sondern ewiges Leben hat*«. Gutes, sehr gutes Leben. Gottes Lebensqualität.

Es gibt viele Gläubige, die sich im Grunde in der gleichen Lage befinden wie dieser königliche Beamte. Sie wissen, dass Jesus heilt, und sie wissen, dass manche Menschen den Kranken die Hände auflegen und Wunder geschehen. Aber sie wissen nicht, dass ihnen die Autorität gegeben wurde, dasselbe zu tun. Doch wenn solche Menschen das Wort in sich aufnehmen, dann ändert sich das. Denn sie glauben dann an Gottes gute Einstellung ihnen gegenüber. Sie glauben, dass sie dank Jesus jederzeit ohne Scheu in das Allerheiligste gehen dürfen, wenn sie etwas brauchen. Wenn das Wort in dir wohnt und du weißt, wer du bist, ändert sich alles von Grund auf.

Es gibt Zeiten, in denen ich mir dessen, wer ich in Christus bin (Gottes Lieblingssohn!), so gewiss bin, dass sich die Atmosphäre eines Raumes verändert, wenn ich ihn betrete. Erst kürzlich sagte jemand zu mir: »Ich möchte dich nur kurz berühren; du hast Gottes Herrlichkeit überall auf dir.« Die Wahrheit ist, dass *auch du* Gottes Lieblingssohn bzw. Lieblingstochter bist. Und wenn du diesbezüglich zu einer festen Überzeugung gelangst, verändert sich auch durch deine bloße Anwesenheit die Atmosphäre eines Raumes.

Wenn das Wort in dir wohnt, schließt es das Reich des Übernatürlichen für dich auf. Wenn das Wort in dir wohnt, weißt du, wer du bist, und du weißt auch, wer Gott ist; und das eröffnet dir unendliche und übernatürliche Möglichkeiten. Du wirst in deiner Familie zum Heiler. Du legst den Kranken die Hände auf, und sie werden gesund. Du besuchst die Gefängnisse und öffnest den Tauben die Ohren. *Du tust das.* Du gehst in Obdachlosenheime und sprichst das Leben Jesu in die Menschen hinein – weil du es hast und weitergeben kannst. Du kannst Menschen, deren Leben ein absolutes Chaos ist, sagen: »Gott lastet dir keine deiner Sünden an. Jesus hat sich für dich darum gekümmert, glaube daran.« Und du siehst, wie in den Augen der Menschen Hoffnung aufleuchtet, Hoffnung, die zwei Minuten zuvor noch nicht da war.

Das Wort, »das in dir bleibt«, ist der entscheidende Faktor. Jeder, in dem diese Hoffnung geweckt wird, glaubt auf die eine oder andere Weise an einen übernatürlichen Gott, der bisweilen übernatürliche Dinge in der Welt tun kann. Jeder glaubt daran. Aber nicht jeder glaubt von sich, dass er das Lieblingskind des Vaters ist; nicht jeder glaubt, dass er zutiefst geliebt wird, volle Vergebung hat und wunderbar gesegnet ist. Nicht alle glauben, dass sie mit Christus gekreuzigt sind und nicht mehr aus sich selbst leben. Dass das Leben, das in ihnen ist, in Wirklichkeit das Leben Christi ist und dass dieses Leben sichtbar wird, wenn wir glauben! Nicht alle glauben, dass sie berechtigt sind, jeden von Gott bereitgehaltenen Segen zu empfangen. Nicht alle glauben, dass sie deshalb, weil Jesus ihr Leben ist und sein Geist in ihnen wohnt, die Kraft haben, Menschen zu heilen und zu befreien. Nicht jeder weiß diese Dinge. Nur diejenigen, die es wissen, können daraus einen Nutzen ziehen. Im Wort Gottes, in dem, was Gott über dich sagt und wie er dich sieht, liegt diese Kraft. Das ist das alles verändernde Element.

Dieser Beamte wusste von all dem nichts. Er glaubte nur, dass Jesus übernatürliche Dinge tun könne, aber das war schon alles, was er wusste. Keines der Worte Jesu war in ihm haften geblieben. Aber Jesus wollte das ändern. Jesus sagte zu ihm: *»Wenn ihr nicht Zeichen und Wunder seht, glaubt ihr nicht.«* Der Beamte bat ihn: *»Herr, komm herab, ehe mein Kind stirbt!«* Aber Jesus kommt nicht herab! Er spricht nur das Wort. Damit zwingt er den Mann, entweder seinem Wort Glauben zu schenken oder leer auszugehen. Das ist der Moment, um zu glauben, was Jesus sagt, um dem, was aus seinem Mund kommt, zu vertrauen: »*Geh, dein Sohn lebt*« (Vers 50). Und sieh nur, was geschieht. »*Der Mann glaubte dem Wort, das Jesus zu ihm gesagt hatte, und machte sich auf den Weg.*«

Dies war ein Neuanfang. Er trat in eine neue Phase seines Glaubens ein. Er glaubte, was Jesus sagte. Und er glaubte wirklich, *wirklich* daran. Ich kann es dir zeigen. Lies einfach den Rest dieser Verse. »*Noch während er hinabging, kamen ihm seine Diener entgegen und sagten: Dein Junge lebt. Da fragte er sie genau nach der Stunde, in der die Besserung eingetreten war. Sie antworteten: Gestern in der siebten Stunde ist das Fieber von ihm gewichen. Da erkannte der Vater, dass es genau zu der Stunde war, als Jesus zu ihm gesagt hatte: Dein Sohn lebt*« (Verse 51–53).

Sein ursprünglicher Plan war, Jesus zu finden und ihn dazu zu bringen, sofort mit ihm nach Kafarnaum zu kommen, um seinen Sohn zu heilen. Als Jesus ihm das Wort der Heilung gibt, glaubt der Mann daran. Und was tut er? Er bleibt *bis zum nächsten Tag* in Kana, und dann erst geht er nach Hause. Als er nach Hause kommt, fragt er den Diener, wann sein Sohn gesund geworden sei. Der Diener sagt: »Gestern um 13:00 Uhr.« Die Begegnung mit Jesus hatte *am Vortag* stattgefunden. Das Wort des Herrn brachte dem Mann so viel Frieden, als er es glaubte, dass er keine Eile hatte, nach Hause zurückzukehren. »Meinem Sohn geht es gut. Jesus hat es gesagt. Ich denke, ich bleibe einfach über Nacht in Kana und geh erst morgen wieder heim.«

Das Wort des Herrn dir gegenüber äußert sich immer in Frieden. Wenn dir jemand ein Wort vom Herrn gibt und dieses Wort Angst in dir aufsteigen lässt, dann ist es nicht vom Herrn. Das Wort des Herrn, das in dir bleibt, ist gut. Es ist ein Wort, das seine Liebe zu dir zeigt. Es ist das Wort der Kraft. Es ist das Wort der Zuversicht. Es ist das Wort der Freude. Daran merkst du, ob das Wort vom Herrn kommt oder nicht. Das Wort Jesu bringt die Frucht des Geistes hervor und sonst nichts – Liebe, Freude, Frieden, Geduld, Freundlichkeit, Güte, Treue, Sanftmut, Selbstbeherrschung. Dieser königliche Beamte empfing das Wort des Herrn an ihn. »Deinem Sohn geht es gut. Dein Sohn ist wohlauf.« »In Ordnung, ich glaube dir.« Was folgte? Friede.

»Amen, amen, ich sage euch: Wer mein Wort hört und dem glaubt, der mich gesandt hat, hat das ewige Leben; er kommt nicht ins Gericht, sondern ist aus dem Tod ins Leben hinübergegangen« (Joh 5,24 EÜ). *»Wenn ihr in mir bleibt und meine Worte in euch bleiben, dann bittet um alles, was ihr wollt: Ihr werdet es erhalten«* (Joh 15,7). Die Karwoche, die Woche unmittelbar vor dem Ostersonntag, ist für mich wirklich eine der wertvollsten Zeiten des Jahres. Es ist die Zeit, in der Gottes Volk überall auf der Welt größtenteils alles richtig macht. Der Fokus liegt dann nicht auf uns, sondern ganz auf Jesus und dem, was er für uns getan hat.

In der Nacht, in der Jesus festgenommen wurde, war er im Garten Gethsemane und betete dieses wundervolle Gebet, bei dem er dem Vater einfach sein Herz ausschüttete und für seine Jünger betete. In Johannes 17,6 ist folgender Ausschnitt zu lesen: *»Ich habe deinen Namen den Menschen offenbart, die du mir aus der Welt gegeben hast. Sie gehörten dir und du hast sie mir gegeben und sie haben dein Wort bewahrt.«* Als Jesus sagte: *»sie haben dein Wort bewahrt«*, meinte er nicht, sie hätten ohne Sünde gelebt. **Er meinte nicht: »Sie haben alle deine Gebote gehalten.«** Als Jesus sagte, sie hätten sein Wort bewahrt, meinte er, dass sie es in ihren Herzen bewahrt haben. Sie haben das Wort – das Wort, das Gott spricht – gehütet und es nah bei sich behalten.

Welches ist das Wort, das du bewahrst? Welches Wort behütest du wie einen Schatz in dir? Es ist das gute Wort – Gottes Wort. Und was sagt er? »Du bist vollkommen. Du bist heil. Du bist so gerecht wie Gott. Der Vater liebt dich. Du hast alles, was du brauchst.« Er segnet dich großzügig. Er will, dass es dir gut geht. Er gibt dir seinen Reichtum an Herrlichkeit. Du bist sein geliebter Sohn. Du bist seine geliebte Tochter. Er freut sich sehr über dich. Du gehörst für immer zu ihm.

Kapitel 3

WIRF DEINE NETZE AUS

Als Jesus eines Tages am See Genezareth predigte, drängten sich viele Menschen um ihn, die alle das Wort Gottes hören wollten. Er bemerkte zwei leere Boote am Ufer. Die Fischer hatten sie liegen lassen und reinigten gerade ihre Netze. Jesus stieg in eines der Boote und bat den Besitzer des Boots, Simon, vom Ufer abzustoßen. Dann lehrte er die Menge vom Boot aus. Als er mit seiner Predigt fertig war, sagte er zu Simon: »Nun fahr weiter hinaus und wirf dort deine Netze aus, dann wirst du viele Fische fangen.« »Meister«, entgegnete Simon, »wir haben die ganze letzte Nacht hart gearbeitet und gar nichts gefangen. Aber wenn du es sagst, werde ich es noch einmal versuchen.« Diesmal waren ihre Netze so voll, dass sie zu reißen begannen!

Sie riefen nach ihren Gefährten in dem anderen Boot, und bald darauf waren beide Boote so voller Fische, dass sie unterzugehen drohten. Als Simon Petrus begriff, was da geschehen war, fiel er vor Jesus auf die Knie und sagte: »Herr, kümmere dich nicht weiter um mich – ich bin ein zu großer Sünder, um bei dir zu sein.« Denn beim Anblick des überreichen Fangs hatte ihn Ehrfurcht erfasst, und den anderen ging es genauso. Auch Jakobus und Johannes, die Söhne des Zebedäus, waren voller Staunen. Jesus sagte zu Simon: »Hab keine Angst! Von jetzt an wirst du Menschen fischen!« Und sobald sie am Ufer angelegt hatten, ließen sie alles zurück und folgten Jesus nach. — Lukas 5,1–11 NLB

Dies ist eine evangelistische Geschichte, oder nicht? Es ist ein Aufruf: Geht hinaus und gewinnt Seelen für Jesus. Und wie gewinnt man Seelen für Jesus? Indem du alles hinter dir lässt und ihm nachfolgst – leg dich ordentlich ins Zeug, mach Ernst mit deinem Leben für Jesus, erlerne die richtigen Methoden, präge dir die maßgeblichen Verse aus dem Römerbrief ein, die Gottes Heilsplan erläutern, besorge dir deine Evangelisationstraktate und fang mit dem Fischen an. – Ich finde es äußerst interessant, wie wir diese Geschichte interpretiert haben: Alles hängt von *unserer* Fähigkeit ab, ihm zu folgen. Schon als wir diese Geschichte zum ersten Mal hörten, wurde sie für uns in dieser Weise interpretiert. »Wenn du Gott gefallen willst, musst du Jesus folgen. Und wenn es dir wirklich so *richtig* ernst ist mit der Nachfolge, wirst du auch herausfinden, wie du Seelen für Jesus gewinnen kannst.«

Das Lied »Ich werde euch zu Menschenfischern machen … wenn ihr mir folgt« war eines der ersten, die ich im Gottesdienst lernte. Es greift im Grunde die Ereignisse auf, von denen im Matthäusevangelium berichtet wird. In Matthäus 4,19 heißt es: *»Kommt mit und folgt mir nach. Ich will euch zeigen, wie man Menschen fischt!«* Aber selbst dort sagt Jesus es nicht so, wie es im Lied ausgedrückt wird. Er sagt nicht: »Wenn ihr mir folgt, werde ich euch zu Menschenfischern (Evangelisten) machen.« Er fordert sie einfach auf: »Folgt mir.« Und wessen Sache ist es dann, uns zu Menschenfischern, zu wirksamen Evangelisten zu machen? Er sagt: »*Ich* werde euch zeigen, wie man Menschen fischt. *Ich* werde euch zu wirksamen Evangelisten machen. *Ich* werde dies in euch tun.« Es ist nicht deine Aufgabe, indem du versuchst, genügend Energie und Tapferkeit und Heiligkeit aufzubringen, um für Gott etwas zu bewirken. Es ist Jesus, der sagt: »Das ist mein Werk in dir. Ich werde es in dir vollbringen.« Man kann es auch anders ausdrücken – Jesus sagt: »Mach dir mal keine Gedanken, denn wenn ich mit dir fertig bin, wirst du gar nicht anders können; du wirst dann einfach ein Menschenfischer für das Reich Gottes sein. Komm, wir gehen gemeinsam. Bleib einfach an meiner Seite.«

Ich wette, ich habe zu dieser Bibelstelle locker schon hundert Predigten gehört. Jeder Prediger gräbt diese Passage gern vor dem »Bring-einen-Freund-mit-Sonntag« aus und nutzt sie als Daumenschraube, damit die Leute ihren Mut zusammennehmen und den Nachbarn von nebenan in die Kirche einladen. In einer Gemeinde von 200 Personen kommt man so auf zehn bis zwölf zusätzliche Personen am Sonntag, und das wird dann als »großer« Erfolg gefeiert. Die Willkommensbroschüren werden verteilt und anschließend atmen alle erleichtert auf, denn: »Gott sei Dank müssen wir *das* erst in einem Jahr wieder tun!«.

Ich habe schon so oft Predigten über den »Köder am Haken« und das »Einholen der Fische« gehört. Das Evangelium ist dabei der Köder, mit dem wir die Fische zum Anbeißen bringen, damit wir sie anschließend in die Kirche ziehen können. Ja, und dort erfahren sie dann von uns, wie die Dinge sich in Wirklichkeit verhalten. Aber das ist völlig verkehrt! Es ist falsch, das Evangelium als Köder anzusehen. Beim Angeln dient der Köder als Täuschungsmittel. Wir täuschen die Fische und bringen sie dazu, nach etwas zu schnappen, das gut aussieht; aber in Wirklichkeit ist es nur eine List, um sie an den Haken zu bekommen. Das hat rein gar nichts mit dem zu tun, was Jesus hier beschreibt.

In diesem Bibelabschnitt geht es noch nicht einmal ums Schnurangeln (Angeln mit Rute und Rolle). Hier ist die Rede vom Fischen mit einem Fangnetz. Nicht das Angeln von einzelnen Exemplaren, sondern das Fischen von großen Mengen ist hier gemeint. Deshalb ist das auch kein Aufruf an dich und mich, mühevoll ein Fischlein nach dem anderen zu angeln; vielmehr dreht sich dieser Abschnitt um das Wunderwerk Jesu, mit dem er massenhaft Seelen (viele,

viele Seelen auf einmal) in das Reich Gottes bringt. Sehen wir uns diesen Abschnitt also noch mal mit neuen Augen an, denn dann sehen wir, in welch wunderbarer Weise er sich auf uns und auf die Gemeinde als Ganzes bezieht.

Schau dir noch einmal Vers 1 an: »*Als Jesus eines Tages am See Genezareth predigte, drängten sich viele Menschen um ihn, die alle das Wort Gottes hören wollten.*« Jesus ist in Galiläa am See Genezareth (ein anderer Name für das Galiläische Meer) und eine riesige Menschenmenge drängt sich um ihn. Wie kam es zu diesem Andrang? Weshalb waren die Menschen gekommen? Es heißt, sie drängten sich um ihn, um das Wort Gottes zu hören. Sie waren wegen der Lehre gekommen. Sie waren da, um zu hören, was Jesus über Gott zu sagen hatte. Und er gab ihnen, was sie wollten. In Vers 3 heißt es, dass »er sich [setzte] und die Volksmenge vom Schiff aus lehrte.« Er lehrte sie.

Nur als Randbemerkung: Bibelwissenschaftler glauben, den genauen Ort zu kennen, an dem sich das Ganze zutrug. Gleich außerhalb von Kapernaum liegt eine natürliche Bucht, in der die Fischer sehr wahrscheinlich mit ihren Booten anlandeten. Das umliegende Gelände bildet ein ideales natürliches Amphitheater. Man schätzt, dass von diesem Ort aus fünf- bis sechstausend Menschen Jesus auf dem Boot gut hätten sehen und hören können. Stell dir das mal vor: Fünf-, sechstausend Menschen, die sich alle dort drängen – nicht wegen der Wunder (nicht dieses Mal), nicht wegen einer kostenlosen Mahlzeit oder wegen einer Spendensammelaktion mit Tombola, nein, sie strömen in Massen herbei, um seine Botschaft zu hören.

Welche Botschaft wollte er ihnen vermitteln? Sieh es dir an. Das Lukasevangelium ist so angelegt, dass es die Fragen, die es aufwirft, auch selbst beantwortet. Du solltest es also erkennen können. Geh ein Kapitel zurück zu Lukas 4,14–15: »*Danach kehrte Jesus, von der Kraft des Heiligen Geistes erfüllt, nach Galiläa zurück. Schnell wurde er in der ganzen Gegend bekannt. Er lehrte in ihren Synagogen und wurde von allen verehrt.«* Davon liest man hier zum ersten Mal. Jesus lehrte, und seine Botschaft hatte etwas an sich, das die Menschen verblüffte. *»Er lehrte in ihren Synagogen und wurde von allen verehrt.«*

Da Lukas hier zum ersten Mal davon berichtet, würde jemand, der diese neue Information liest, sich wohl fragen: »Hm, was kann nur so anders und verblüffend gewesen sein an dem, was er lehrte?« Und Lukas beantwortet diese Frage, indem er sofort ein Beispiel folgen lässt. Sieh dir die Verse 16–22 (NLB) an: *Als er nach Nazareth kam, wo er seine Kindheit verbracht hatte, ging er wie gewohnt am Sabbat in die Synagoge und stand auf, um aus der Schrift vorzulesen. Man reichte ihm die Schriftrolle des Propheten Jesaja, und als er sie aufrollte, fand er die Stelle, an der steht: »Der Geist des Herrn ruht auf mir, denn er hat mich gesalbt, um den Armen die gute Botschaft zu verkünden. Er hat mich gesandt, Gefangenen zu verkünden, dass sie freigelassen werden, Blinden, dass sie sehen werden, Unterdrückten, dass sie befreit werden und dass die Zeit der Gnade des Herrn gekommen ist.« Er rollte die Schriftrolle zusammen, gab sie dem Synagogendiener zurück und setzte sich. Alle in der Synagoge sahen ihn an. Und er sagte: »Heute ist dieses Wort vor euren Augen und Ohren Wirklichkeit geworden!« Alle Anwesenden äußerten sich anerkennend über ihn und wunderten sich zugleich über seine Botschaft von der Gnade.*

Was war das für eine Botschaft? Welche Worte kamen aus seinem Mund? Gütige Worte. Worte voller Gnade. Worte voll der unverdienten, freigiebigen Gunst Gottes gegenüber verstoßenen Menschen: armen Menschen, gebrochenen Menschen, gefangenen Menschen, blinden Menschen, unterdrückten Menschen. Wer waren diese Menschen? Es waren all diejenigen, die in religiöser

Hinsicht Ausgestoßene waren – ausgestoßen deshalb, weil man sie als unter dem Fluch Gottes stehend ansah. Und jetzt kommt Jesus daher und sagt: »Die Antwort für jeden einzelnen dieser Menschen ist gekommen. Das Wort Gottes hat sich vor euren Augen und Ohren erfüllt! – Es hat sich unter eurem *Hören* – nicht in eurem *Tun* – erfüllt; und während ihr mich die Verheißungen Gottes habt aussprechen hören, sind sie Wirklichkeit geworden.« Durch Jesus, der leibhaftig anwesend ist und sie ausspricht, werden alle Verheißungen Gottes auf einen Schlag zur Realität. In Jesus werden die Armen genug haben, die zerbrochenen Herzen werden geheilt, die Gefangenen befreit, die Blinden bekommen ihr Augenlicht zurück und die von der Gesellschaft Verworfenen werden wieder aufgerichtet.

Jesus sagt: »*Ich* werde das tun. Es ist *mein* Werk, ich verkörpere Gott, und ich erkläre euch, dass die Menschen, die ihr als von Gott Ausgestoßene betrachtet, keineswegs ausgestoßen sind. Ich sage euch hiermit, dass sie annehmbar sind. Wann sind sie annehmbar? In diesem Moment! Genau in dem Augenblick. *Heute* ist der Tag, an dem sie für den Herrn annehmbar sind. Sie müssen nichts tun, um in Ordnung gebracht zu werden. *Ich* bringe sie in Ordnung, während sie das hören. – Ihr hört und ich bringe euch unterdessen in Ordnung. Ihr hört und gleichzeitig stelle ich die Dinge richtig. Gnade, Gnade, Gnade!«

Diese Hoffnung steigt nun in den Menschen auf. Den Menschen, für die in der Synagoge kein Platz ist, die am Rande der Gesellschaft leben, die alles vermasselt haben – Menschen, die man als nicht religiös genug, nicht gut genug, nicht gesegnet genug, nicht geistlich genug verurteilt hatte. Diese Menschen fühlen nun, wie sich Hoffnung in ihnen ausbreitet: »Vielleicht stimmt es ja gar nicht, was die religiösen Leute sagen. Vielleicht bin ich ja gar nicht für ein verfluchtes Leben voller Kämpfe bestimmt, das unweigerlich in der Hölle endet. Vielleicht kann ich von Gott angenommen werden.« Hier geriet etwas in Bewegung; es war eine Revolution, die wie ein Lauffeuer um sich greifen und die Grundfeste erschüttern würde – die Botschaft der reinen, unverfälschten Gnade!

Sie strömten zu Jesus, erst zu Hunderten, dann zu Tausenden, und sie drängten sich um ihn, weil das echt war; es war Realität und sie wussten es. Sie wussten: Das ist Gott, so ist er wirklich! Die Hoffnung war fast schon zu groß, denn schließlich sagten all die religiösen Menschen: »Tu dies, tu das, tu das auch noch – und wenn du es nicht tust, kannst du Gottes Gunst und seine Belohnung vergessen. Sieh dich an, du bist zweite Klasse. Vielleicht sogar drittklassig. Genau deshalb passieren dir schlimme Dinge.« Und jetzt kommt Jesus und sagt: »So ist Gott *nicht*. Das Reich Gottes ist zum Greifen nah für euch. Weil ich es greifbar mache. Heute ist der Tag, an dem ihr es annehmen könnt. Es liegt nicht an eurem Tun, sondern an eurem Hören. Die Verheißungen Gottes gehören euch.« Und die Menschen spüren, wie es in ihren Herzen brennt. Es ist der Geist Gottes, der ihnen die Wahrheit bezeugt, der sie sagen lässt: »Ich wusste, dass Gott so ist.«

Vor Kurzem kam ein Jugendpastor zu einem Mittwochsgottesdienst in meine Gemeinde. Nachdem er das reine Evangelium der Gnade gehört hatte, die gute Botschaft von dem vollbrachten Werk Jesu für die Menschheit, blieb er noch, um mit mir zu sprechen. Es war offensichtlich: Hier stand ein erneuerter Mensch. Er sagte: »Ich wusste, dass Gott so ist! Ich wusste es! Aber ich hatte nicht den biblischen Rahmen, an dem ich das hätte festmachen können!« Gelobt sei der Herr! Hier ist Leben! Freiheit! Freude! Das ist das Evangelium. Du wirst nicht verurteilt. Gott ist nicht böse auf dich, niemals. Jesus hat den Preis für jede deiner Sünden bezahlt. Heute ist der angenehme Tag des Herrn, der Tag der Gnade. Das ist die Wahrheit – jetzt, während diese Botschaft deine Augen und

Ohren erreicht. Jede Verheißung Gottes gehört dir. Genau in diesem Moment!

Das ist die Botschaft, wegen der die Menschen zu Jesus strömten. Sie staunten über die gnädigen Worte, die aus seinem Mund kamen. Jesus stieg in ein kleines Boot, fuhr ein Stück hinaus und begann, sie von dort aus zu lehren. Worüber lehrte er? Über mehr vom Gleichen: die wirklich, *wirklich* gute Nachricht, die alles in deinem Leben verändert, wenn du sie hörst – die Nachricht, dass Jesus dich für annehmbar erklärt und dass dies nichts mit deinen Anstrengungen und Bemühungen zu tun hat; es ist sein Werk!

Als er zum Ende seiner Botschaft kommt, lässt er ein Beispiel folgen, das anschaulich zeigt, wie das Reich Gottes wächst: »Petrus, fahr nun weiter hinaus und wirf dort deine Netze aus.« Petrus wird das maßlos geärgert haben, schließlich war Jesus kein Fischer. *Petrus* war hier der Fischer. Und wie jeder andere, der mit einem Fangnetz fischte, wusste er, dass es zwecklos wäre, tagsüber zu fischen. Zu der Zeit Jesu gab es noch keine durchsichtigen Nylonnetze. Die damaligen Netze waren klobige Geflechte aus dicken Schnüren; selbst der dümmste Fisch wäre nicht darauf hereingefallen. Deshalb wurde nur nachts gefischt, wenn die Fische das Netz nicht sehen konnten.

Also sagt Petrus: »Meister, wir haben die ganze Nacht gearbeitet und nichts gefangen. Doch auf dein Wort hin werde ich die Netze auswerfen« (Lk 5,5 EÜ). Achte genau auf diese Worte, denn wir sind jetzt im Anschauungsmodus, am Anfang des Gleichnisses. Das jetzt folgende Wunder ist eine Veranschaulichung, wie das Reich Gottes funktioniert. Hier werden die Bemühungen des Menschen dem vollbrachten Werk Gottes in Christus vergleichend gegenübergestellt.

Wie funktioniert das Reich Gottes? Wie evangelisieren wir? Nun, ich werde dir sagen, wie ich zwanzig Jahre lang vorgegangen bin – ich habe es wie Petrus gemacht. Ich habe mich die ganze Nacht im Dunkeln abgemüht und praktisch nichts gefangen. Folgendes habe ich gelernt: Die Art und Weise, wie man Menschen evangelisiert, wie man sie mit Jesus bekannt macht, hängt ganz vom eigenen Verständnis des Evangeliums ab. Wenn das Evangelium für dich bedeutet, dass *du* dich darum bemühen musst, die Beziehung zu Gott aufrechtzuerhalten, dass es je nachdem, wie heilig *du* leben kannst, für dich aufwärts oder abwärts geht – wenn deine Beziehung zu Gott auf *deiner* Leistung basiert –, dann wird Evangelisation nur ein weiteres Muss für dich sein. Du wirst es aus einer Reihe von Gründen tun: aufgrund von Schuldgefühlen, um für Gott annehmbar zu sein, damit deine Gebete erhört werden oder was auch immer. Evangelisation wird zu einem Werk des Fleisches, das auf deiner Leistung beruht. Es geht dann nur darum, möglichst viel Gutes für das Reich Gottes zu tun. In der Art, wie du evangelisierst, zeigt sich, wie du das Evangelium verstehst.

So war ich, zwanzig Jahre lang. Ich unternahm einfach alles, was mir einfiel, um zu evangelisieren (mit Menschen über Jesus zu sprechen), auch durch Großevangelisationen, die ich in meiner Gemeinde durchführte. Wir haben alles versucht. Wir besuchten Wohnkomplexe und gaben an alle Bewohner eine Woche lang kostenloses Essen aus. Wir hatten einen Musikdienst, einen Frauendienst, einen Kinderdienst. Wie viele Menschen haben wir dadurch erreicht? Nicht einen. Dann organisierten wir eine Ferienbibelschule für die Familien vor Ort; wir nahmen uns einen anderen Wohnkomplex vor, versorgten dort alle mit Essen, veranstalteten Spielenachmittage mit Gesichtsbemalung, beteten mit den Leuten und meldeten Kinder für die Ferienbibelschule an. Es war toll, mehrere Dutzend Kinder nahmen teil. Unsere kleine Gemeinde von vierzig Leuten hat sich völlig aufgerieben; alle packten mit an. Wie viele Menschen haben wir dadurch erreicht? Eine

Familie – drei Wochen lang blieb sie dabei, danach haben wir sie nie wieder gesehen.

Einmal habe ich Flyer mit Informationen über unsere Gemeinde erstellt. Ich ging in unserer Nachbarschaft von Tür zu Tür und verteilte sie zusammen mit Traktaten. Ich traf mich mit Leuten, betete mit ihnen und lud sie in die Gemeinde ein. Ich klopfte im Zeitraum von einem Monat an 1500 Türen. Wie viele Menschen habe ich dadurch erreichen können? Keinen. Ich habe Massenmailings mit netten kleinen Sprüchen verschickt, Briefe an komplette Postleitzahlengebiete versendet, Plakate aufgehängt und an Straßenecken gestanden, um mit Leuten zu reden. Ich brachte ein paar Leute mit Überzeugungsdruck dazu, Jesus als ihren Retter anzunehmen, aber danach ließen sie sich nie wieder blicken. Das war mein Dienst. Ich schuftete die ganze Nacht, in der Dunkelheit, und fing nichts.

Sieht so Evangelisation aus? Ist das die Art des Dienstes, die Jesus sich wünscht? Nein, meine Evangelisation entsprach nur meinem Verständnis des Evangeliums: Du musst schuften, um annehmbar zu bleiben; was zählt, ist *deine* Leistung. Es war einfach nur ein weiteres Werk des Fleisches.

Aber was, wenn das Verständnis des Evangeliums ein anderes ist? Wenn du verstehst, dass *Jesus* derjenige ist, der alles tut und alles getan hat. Wenn du weißt, dass du angenommen bist. Dass du dich nicht abmühen musst, damit die Verheißungen Gottes in deinem Leben sichtbar werden, sondern dass du sie einfach nur in Empfang nehmen darfst? Was, wenn du das Evangelium so verstehst, dass du mit Jesus verbunden bist und er dich deshalb zur richtigen Zeit am richtigen Ort sein lässt, damit du Gutes von Gott empfangen kannst? (Das nennt man auch »vom Geist geleitet sein«.)

Wenn du mit Gott in dieser Art von Beziehung stehst, dann weißt du auch: So wie er in seiner Gnade für dich persönlich Gelegenheiten schafft, wird er auch für Evangelisations-Gelegenheiten sorgen. Er tut es und es geschieht aus Gnade – wir müssen also nicht wie verrückt schuften, um etwas zu erreichen. Wir dürfen einfach auf das Wort Jesu reagieren, das zu uns spricht: »Das wäre jetzt ein guter Zeitpunkt, dein Netz auszuwerfen.«

Beim Fischen mit einem üblichen Fangnetz ist das Einholen der Netze mit den Fischen darin eine Menge Arbeit. Man braucht eine Mannschaft von mehreren Leuten, um die Netze einzuholen, immer in der Hoffnung, dass die Fische nicht entkommen – und das in einem Boot, das ständig in Bewegung ist. Was Petrus widerfuhr, ist davon aber weit entfernt. Auf Jesu Wort hin warf Petrus das Netz aus. Ein Netz auszuwerfen, ist nicht schwer. Dazu wirft man einfach das Netz ins Wasser, und das Netz erledigt den Rest. Und so hat es sich dann zugetragen: Petrus und seine Männer jagten nicht hinter den Fischen her; die Fische sprangen ihnen förmlich ins Netz. Und was für eine Ladung Fische das war! Wir sehen hier als Bild, wie Evangelisation im Reich Gottes funktioniert. Den Erfolg bringen nicht deine Anstrengungen. Vielmehr geht es darum, *auf die Führung Jesu zu hören*, was auf sehr natürliche Weise geschieht.

Im letzten Jahr haben wir auf diese Weise Evangelisation betrieben. Die Leute sind dermaßen begeistert von dem vollbrachten Werk Jesu, dass sie von ganz allein auch andere einladen. Die Leiterschaft in meiner Gemeinde arbeitet hart, aber wir mühen uns nicht ab. Wir hören hin, was Jesus uns sagt, und folgen dann einfach seiner Führung. Das war's. In einem Jahr hat sich der Neuzugang von 22 auf 200 Personen erhöht – alles Leute, deren Leben völlig verändert wurde.

Kapitel 4

DER GELÄHMTE MANN

Jesus stieg wieder ins Boot, fuhr über den See zurück und ging in seine Stadt. Da brachten einige Männer einen Gelähmten auf einer Tragbahre zu ihm. Als Jesus sah, wie groß ihr Vertrauen war, sagte er zu dem Gelähmten: »Mein Kind, fasse Mut! Deine Schuld ist vergeben.« Da dachten einige Gesetzeslehrer: »Er lästert Gott!« Jesus wusste, was in ihnen vorging, und sagte: »Warum habt ihr so böswillige Gedanken? Was ist leichter – zu sagen: ›Deine Schuld ist dir vergeben‹, oder: ›Steh auf und geh‹? Aber ihr sollt sehen, dass der Menschensohn Vollmacht hat, hier auf der Erde Schuld zu vergeben!« Und er sagte zu dem Gelähmten: »Steh auf, nimm deine Bahre und geh nach Hause!« Da stand er auf und ging nach Hause. Als die Leute das sahen, erschraken sie, und sie priesen Gott, dass er den Menschen solche Vollmacht gegeben hat. — Matthäus 9,1–8 GNB

Ich war kürzlich bei einem befreundeten Pastor zu Besuch. Bei einem Kaffee erzählte er mir von einer Offenbarung, die er über Matthäus Kapitel 9 hatte. In diesem Kapitel wird von fünf verschiedenen Heilungen berichtet (die Zahl Fünf steht für Gnade), und jede Heilung steht für jeweils einen Aspekt, wie Menschen in die Gnade Jesu kommen und sie empfangen.

Während wir uns darüber unterhielten, begeisterte mich das Thema immer mehr und ich beschloss, mehr darüber herauszufinden. Beim Studium stellte ich fest, dass diese fünf Wunder tatsächlich eine tiefere Bedeutung haben: die Heilung des Gelähmten (gelähmt zu sein bedeutet, dass wir nicht einmal aus eigener Kraft zu Jesus kommen können, um Gnade zu empfangen; uns fehlt die Fähigkeit, überhaupt zu ihm zu kommen), die Auferweckung der Tochter des Jairus (das Mädchen ist nicht tot, sondern es schläft nur), die Frau mit dem Blutfluss, die Heilung der beiden Blinden und die Heilung des Taubstummen (ohne Jesu Eingreifen können wir das Evangelium nicht hören und nicht aussprechen).

Wir haben hier also diese fünf Wunder. Das Großartige aber ist, dass Jesus sie durch fünf bildhafte Lehreinheiten ergänzt: 1) »Was ist leichter zu sagen: ›Deine Schuld ist dir vergeben‹ oder ›Steh auf und geh‹?« 2) »Nicht die Gesunden brauchen den Arzt, sondern die Kranken!« 3) Der Bräutigam wird entrissen. 4) Der neue Flicken auf altem Tuch und der neue Wein in alten Schläuchen. 5) Die Ernte ist reichlich. – Alles Lehre, in der es um Evangelisation geht. Macht insgesamt fünf Wunder und fünf Lehreinheiten.

Das alles folgt direkt auf den Vorfall in Gadara, wo man Jesus verschmäht und seine mächtige Botschaft von der Gnade, Liebe und Freiheit zurückgewiesen hatte. Vielleicht erinnerst du dich – die Bewohner von Gadara sagten ihm, er solle ihr Gebiet verlassen (Mt 8,34). Möglicherweise stellt sich dir jetzt die Frage: »Wenn die Botschaft und die Kraft der Gnade so einfach zurückgewiesen werden kann, wie leicht ist es dann, sie anzunehmen?« Kapitel 9 gibt die Antwort darauf. Hier reiht sich ein Beispiel an das andere, wie Menschen die Liebe und Macht und Gnade und Güte unseres Herrn Jesus empfangen; wie sie die Güte und Liebe Jesu erfahren. Kapitel 9 zeigt dir, wie du empfangen kannst, was Jesus für dich bereithält. Es geschieht durch Gnade – reine Gnade. Werfen wir nun einen Blick auf dieses Wunder.

»Jesus stieg in ein Boot und fuhr über den See zurück nach Kapernaum, wo er wohnte. (Er setzte von Gadara über, wo man

ihn verschmäht hatte.) *Dort brachten sie einen Gelähmten auf einer Trage zu ihm«* (Mt 9,1–2 HFA). Hier war ein Mensch, der nicht von sich aus zu Jesus kommen konnte. Dieser Mensch ist unfähig zu gehen, weil er gelähmt ist. Wir haben hier eine starke Bildsprache. In der hebräischen Vorstellung stehen die Beine für die allgemeine Gesundheit und Widerstandskraft einer Person. In dem Bibelabschnitt, der den Auszug der Israeliten aus Ägypten beschreibt (von wo aus Gott sie durch die Wüste führen wollte), heißt es, dass *»kein Schwacher oder Kranker unter ihnen war«* (Ps 105,37 NLB). Dem Volk Israel wurde übernatürliche Gesundheit verliehen. Sie durchquerten das Rote Meer (das ist ein Symbol für die Wiedergeburt und die Wassertaufe) und sie wurden mit göttlicher Gesundheit beschenkt. *Kein Schwacher oder Kranker war unter ihnen.* Was erwirbt dir Jesus unter anderem? Göttliche Gesundheit!

Das hebräische Wort in Psalm 105, das wir mit »schwach« übersetzen, bedeutet wörtlich »stolpern aufgrund von Schwäche in den Beinen«. Es war ein umgangssprachlicher Ausdruck, mit dem man den Gesundheitszustand beschrieb. Schwache Beine bedeutete schwache Gesundheit. Starke Beine bedeutete starke Gesundheit. Ohne »Stärke in den Beinen« kann man nicht ins verheißene Land gelangen (das verheißene Land steht als Symbol für die Güte Gottes in deinem Leben; das verheißene Land ist gleichbedeutend mit Gottes wunderbarer Versorgung für dich – mit allem, was du zu einem Leben brauchst, wie es Gott gefällt). Den Zutritt ins verheißene Land musst du nicht erarbeiten; du musst ihn dir auch nicht durch Leistung oder gutes Verhalten verdienen, sondern Gott hat dich (in seiner Gnade) dazu geschaffen, dieses Land zu durchziehen. Gott sagte zu Abraham: *»Durchziehe das Land nach allen Richtungen«* (erlebe seine Güte).

Hier ist also dieser Gelähmte. Er hatte seine Gesundheit verloren. Für die religiösen Leute um ihn herum muss festgestanden haben, dass er wohl irgendwie seine »gerechte Strafe« empfing. Man sagte ihm wahrscheinlich, er habe gesündigt und Gottes Zorn verdient, und nun bekäme er, was er verdiene. Ich denke, die meisten Menschen, die eine Tragödie erleben oder Zeuge einer solchen werden, glauben das immer noch.

Ich habe in meinem Dienst immer wieder diesen Ausspruch gehört: »Womit habe ich das verdient?« Jeder, der so etwas sagt, kennt Gott nicht besonders gut. Gott verpasst Menschen keine Lähmung. Er geht mit uns nicht entsprechend unserer Sünden um. Aber die Leute glauben das. Vor einer Weile haben meine Frau und ich einem Mann gedient, der seit Kurzem gelähmt war. Wir sprachen ihm Gnade zu und sagten ihm die Wahrheit über Gott, nämlich dass Gott ihn gesund sehen wolle. Wir erklärten ihm, Jesus schlage niemals Menschen mit Krankheiten, um ihnen dadurch eine Lektion zu erteilen. Gott tut so etwas nicht. Aber dieser Mann konnte die Botschaft des Evangeliums nicht annehmen. Er glaubte an Jesus, aber er dachte, Gott habe ihm diese Lähmung zugefügt, um ihm eine Lektion zu erteilen. Dieser Mann hatte ein Notizbuch neben seinem Bett liegen, und in diesem Notizbuch hielt er zum Bekenntnis alle Sünden fest, die ihm in den Sinn kamen. Er notierte jede Lebenslektion, die Gott ihm hatte beibringen wollen. Er wollte Gott nämlich zeigen, wie ernst es ihm damit war, heilig zu leben, um sich so irgendwie Gottes Vergebung und Heilungsbereitschaft zu verdienen. Aber Gott war nicht die Ursache für seine Erkrankung.

Tatsache ist, dass durch die Schuld- und Verdammnisgefühle, die ein Mensch empfindet, sehr viele Krankheiten *überhaupt erst* entstehen. Jeder Psychologe wird dir sagen, dass es eine Verbindung zwischen geistiger/emotionaler und körperlicher Gesundheit gibt. Viele Krankheiten und Symptome treten bei Menschen auf, weil sie das Gewicht ihrer Unversöhnlichkeit, die Last ihrer eigenen Schuldgefühle und ihrer Selbstverurteilung mit sich herumtragen. Man kann nicht gesund bleiben, wenn man sich für begangene Fehler ständig selbst Vorwürfe macht. Der menschliche Körper ist nicht dafür geschaffen, die Last von Schuld zu tragen. Dein Körper kann das nicht ertragen.

Wenn also eine Person krank wird und die religiösen Menschen um sie herum sagen: »Nun, du musst etwas furchtbar Schlimmes getan haben. In deinem Leben läuft etwas falsch und Gott versucht, es zu korrigieren«, häufen sie damit noch mehr Schuld auf diese Person. Was bewirkt das? Es macht die Sache nur noch schlimmer; das Gesundwerden wird umso schwieriger. Wenn jemand in unserer Mitte krank ist, sollten wir sagen: »Der Teufel ist ein Übeltäter, diese Welt ist toxisch, aber *Gott ist gut*, er ist mächtig und er hält dir nichts vor. Und du bist geheilt, in Jesu Namen!«

Dieser gelähmte Mann unterlag der Verurteilung durch das religiöse System, das ihn lehrte, er habe etwas getan, das diese Krankheit zu etwas Verdientem mache. Er stand unter einem Verdammnisurteil. Er lebte in einem Zustand der Schuld. Das war die einzige Lehre, die für ihn als Jude unter dem alttestamentlichen Bund des Gesetzes verfügbar war. Aber gepriesen sei Gott! Denn Jesus bietet uns einen brandneuen Bund, der ganz anders ist als der alte Bund. Er erkennt das zugrundeliegende Problem für die Lähmung dieses Mannes: die Schuld und Verurteilung unter dem Gesetz. Und so macht Jesus ihm das Geschenk des »Nicht-Verurteiltseins«. Vers 2: *»Du kannst unbesorgt sein, mein Sohn! Deine Sünden sind dir vergeben«.*

Kannst du dir bildlich vorstellen, wie überrascht der Mann gewesen sein muss, als er das hörte? Damit hat er auf keinen Fall gerechnet. Ganz sicher nicht. Im Leben dieses Mannes muss etwas gewesen sein, das er sich selbst immer wieder vorwarf. Man hatte ihm gesagt, es gebe Gründe für seine Lähmung. Bestimmt hat er sein Inneres durchforstet, um diese eine Sünde zu finden, die für seinen Zustand ursächlich war. Was glaubst du, wie wahrscheinlich es ist, dass er fündig wurde? Ich sage dir, wie die Chancen standen: bei 100 Prozent. Wenn du in deinem Inneren nach Sünde suchst, findest du auch welche. Aber mit einem einzigen Satz machte Jesus diesem Mann ein Geschenk, das im Grunde ausdrückte: »Hör auf zu suchen. Die Sünde ist weg.«

O wie sehr ich das liebe! Mich begeistert das aus so vielen Gründen. Das Wort, das Jesus hier für »vergeben« verwendet, lautet im Griechischen *aphiemi*, was »wegschicken, verlassen, zurücklassen, wegtun« bedeutet. Es ist eigentlich aus zwei Wörtern zusammengesetzt: *Hiemi* bedeutet »senden«; die Vorsilbe *apo* bedeutet »weg« und wirkt als eine Art Redundanz betonend. *Apheontai*, »vergeben« als abgeschlossene Handlung, ließe sich gut mit »gewaltsam verbannt« übersetzen. Jesus sagte zu diesem Mann also: »Ich habe deine Sünden von dir verbannt.« Eine Pastorin hat es mal wunderbar treffend ausgedrückt; sie sagte über sich selbst in einer Predigt: »Jesus hat in mich hineingegriffen und alle meine Sünden herausgerissen.« Ja, er riss sie heraus und verbannte sie. Somit dürfen sie dich nie wieder verurteilen.

Jesus löste diesen Mann von einer lebenslangen Lehre los. »Deine Sünden sind verbannt.« Sieh dir Vers 2 noch einmal an. In diesem Satz wird das Wort *tharsei* verwendet, das etwas mit Mut und Kühnheit zu tun hat. In manchen Übersetzungen steht: »Fasse Mut, deine Sünden sind dir vergeben.« Das ist schon ganz gut. Aber ich glaube, dass hier noch etwas Stärkeres zum Ausdruck kommen soll. Als Jesus auf dem Wasser lief, benutzte er denselben Ausdruck, als er seinen Jüngern zurief: »Fasst Mut (*tharsei*), ich bin es« – seid mutig, werdet kühn! Wie reagierte Petrus darauf?

»Gut, dann lass mich mit dir auf dem Wasser gehen. Ist das mutig genug?« Und Jesus antwortet: »Dann komm!«

Zu dem Gelähmten sagte er im Grunde: »Sohn, du musst nicht beschämt den Blick senken, als wärst du ein Ausgestoßener. Werde kühn. Nimm deinen Mut zusammen. Ich werde dir sagen, warum – weil du ein Mensch bist, dem vergeben wurde! Dir ist vergeben. Sei mutig. Sei unerschrocken. Hole dir deine Würde zurück. In Gottes Augen bist du wertvoll.«

Das passte den religiösen Menschen in der Menge ganz und gar nicht. Keiner von ihnen wagte seine Meinung laut auszusprechen, aber alle dachten dasselbe. *Und siehe, einige Schriftgelehrte dachten: »Er lästert Gott«* (Vers 3 EÜ). Lästern ist eine andere Bezeichnung für »blasphemieren«, das als Fremdwort aus dem Griechischen übernommen wurde; das Wort *blasphemeo* bedeutet »eine Verletzung aussprechen; Worte benutzen, um Schaden anzurichten«. Jesus blasphemierte demnach. Man kann Menschen gegenüber blasphemisch sein. In Lukas 23,39 (EÜ) lesen wir, dass einer der Verbrecher, die neben Jesus am Kreuz hingen, ihn »verhöhnte«; auch dort kommt wieder das Wort *blasphemeo* zum Einsatz. Er hat Jesus mit verletzenden Worten beschimpft. Man kann auch Gott *blasphemeo*; so heißt es beispielsweise in der Offenbarung, dass »das Tier« den Namen Jesu lästern wird. Was wird das Tier tun? Es wird Lügen über Jesus erzählen, die den Menschen schaden werden.

Die Religiösen unter den Leuten, die Jesus zuhören (der Jesus, der gerade diesem Gelähmten vergeben hat) sagen also: »Jesus spricht Blasphemie. Was er über Gott sagt, ist falsch; was er zu diesem Mann sagt, ist falsch; und mit dem, was er hier redet, richtet er Schaden an.« Das ist genau die Art von Reaktion, die Jesu Botschaft der Gnade bei religiösen Menschen, die das Evangelium nicht verstehen, immer hervorrufen wird.

Ich möchte dich auf etwas hinweisen, das dich umhauen wird, wenn du es zum ersten Mal bewusst siehst. Jesus vergab diesem Mann, ohne dass dieser jemals seine Sünden bereut hätte. Jesus vergab ihm, ohne dass er auch nur eine Sünde bekannt hätte. Ich glaube nicht, dass es diesem Mann überhaupt in den Sinn kam, dass ihm tatsächlich vergeben werden könnte. Er wusste nicht genug, um überhaupt um Vergebung zu bitten. Jesus vergab diesem Menschen, ohne dessen Einverständnis zu brauchen. Nun, wenn das deine Theologie durcheinanderbringen sollte, dann hast du die falsche Theologie, denn *das* ist der neue Bund.

Religiöse Menschen werden jetzt entrüstet sagen: »Aber man muss doch um Vergebung bitten!« Nein, wenn du dein Vertrauen in Jesus setzt, *erfährst* du Vergebung. Und wenn du herausfindest, wie viel er für dich getan hat, kannst du nicht anders, als ihn zu lieben. Sobald du diese Liebe in dir spürst, wirst du nur noch wollen, was er will.

In Christus hat Gott der ganzen Welt vergeben, ohne dass jemand zugestimmt hätte. *»Denn Gott war in Christus und versöhnte so die Welt mit sich selbst und rechnete den Menschen ihre Sünden nicht mehr an«* (2Kor 5,19 NLB). Gott rechnet dir deine Sünden nicht an. Gott rechnet die Sünden deines Nächsten diesem nicht an. Gott rechnet niemandes Sünden irgendwem an. Es bleibt somit nur eine Frage: Wirst du glauben, dass Jesus das für dich getan hat? Wirst du Jesus vertrauen? Er sammelte alle Sünden deines gesamten Lebens zusammen, von Anfang bis Ende, auch solche, die du noch gar nicht begangen hast, und nahm sie mit ans Kreuz. Er nahm sie mit ins Grab. Dann stand er von den Toten auf. Und als er auferstand, bist du mit ihm auferstanden. Und nun besitzt du das Auferstehungsleben und alle Verheißungen des Himmels gehören dir.

Die religiösen Menschen um den Gelähmten herum wollten nicht, dass dieser Mann einfach so von seiner Sünde frei würde. Sie wollten ihn nicht von Schuld und Verurteilung befreit sehen. Ruft das nicht Erinnerungen wach an den älteren Bruder im Gleichnis vom verlorenen Sohn, der beleidigt war, weil der Vater dem jüngeren Sohn einfach so vergab? Warum ist das so? Das ist eine gute Frage. Jesus wollte, dass diese Leute exakt darüber nachdenken. In Vers 4 (GNB) heißt es: *Jesus wusste, was in ihnen vorging, und sagte: »Warum habt ihr so böswillige Gedanken?«*

Das Böse ist definitionsgemäß das, was gegen Gott arbeitet. Diese religiösen Menschen arbeiteten gegen Gott! Jesus hat gerade jemandem Vergebung zugesprochen, der nicht darum gebeten hatte, sie aber dringend brauchte. Gott liebt die Menschen und wünscht sich nichts mehr, als sie frei zu machen. Sie hingegen wollten nicht, dass dieser Mann von Schuld und Verurteilung frei würde. Und Jesus (der auch sie befreien will) fragt sie: »Warum? Warum seid ihr so dagegen, dass Menschen gnädige (unverdiente) Vergebung erhalten? Warum wollt ihr nicht, dass ich diesem Menschen Vergebung zuspreche?« Menschen, die sich selbst schuldig und verurteilt fühlen, wollen, dass sich alle anderen ebenfalls schuldig fühlen. Wenn ich leide, musst du genauso leiden. Wenn ich vor Jesus im Staub kriechend um Gnade winsle und ihn weinend und seufzend um Vergebung bitte, dann krieche und weine und seufze gefälligst auch du.

Menschen, die für ihre Vergebung schwer schuften, sind der Ansicht, jeder solle für seine Vergebung schwer schuften. Aber Menschen, die endlich verstanden haben, dass Vergebung ein Geschenk ist und nicht erarbeitet werden kann, die begriffen haben, dass Jesus für jeden bereits alles vollbracht hat – solche Menschen wollen auch andere an dieser Erfahrung teilhaben lassen. Wenn du jemand bist, der auch andere dieses Geschenk empfangen sehen möchte, dann ist dein Herz im Einklang mit Gottes Herz. Doch wenn du der Ansicht bist, Menschen sollten für ihre Vergebung hart arbeiten, läuft dein Denken konträr zu dem, was Gott will. Du hast dann »böse Gedanken«. Jesus würde dir sagen: »Warum tust du das? Denk doch mal nach. Hier stimmt etwas nicht.«

»Was ist leichter – zu sagen: ›Deine Schuld ist dir vergeben‹, oder: ›Steh auf und geh‹? Aber ihr sollt sehen, dass der Menschensohn Vollmacht hat, hier auf der Erde Schuld zu vergeben!« Und er sagte zu dem Gelähmten: »Steh auf, nimm deine Bahre und geh nach Hause!« Da stand er auf und ging nach Hause (Verse 5–6 GNB). Man beachte, dass Jesus den Mann nicht für geheilt erklärt. Man könnte sagen, er habe ihn nicht geheilt. Er gibt diesem Mann den Befehl, aufzustehen und zu seinem Haus zu gehen, als wäre das etwas, das dieser von sich aus tun können sollte. Und wieso? Weil mit dem Geschenk der Vergebung alle Segnungen Gottes einhergehen. Mit der Vergebung – mit der Gerechtigkeit – kommt die Heilung. Mit der Vergebung kommt die Freude. Mit der Vergebung kommt der Friede. Mit der Vergebung kommt ein besseres Leben, eine Zunahme guter Dinge. Auch die Art, wie du mit anderen umgehst, verändert sich. Als der gelähmte Mann Vergebung empfing, erhielt er auch körperliche Heilung. Er wusste es nur noch nicht. Jesus musste ihm sagen: »Es ist jetzt ganz einfach, Gott verurteilt dich nicht, steh einfach auf. Und nimm dein Bett mit nach Hause, wo es hingehört.«

In Vers 8 kommt dann das richtig Tolle: *»Als aber die Volksmenge das sah, verwunderte sie sich und pries Gott, der solche Vollmacht den Menschen gegeben hatte.«* Ganz offensichtlich hatte Gott seinem Sohn Jesus die Macht verliehen, Vergebung auszusprechen und Heilung zu verkünden. Aber die Menge verstand es gleich richtig, und was sie sagte, war prophetisch: Diese Macht ist nicht nur Jesus gegeben, sondern allen, die glauben. Gott hat diese Macht *den Menschen* gegeben.

Jesus trug zwei Titel – Sohn Gottes und Sohn des Menschen. Sohn Gottes war eine Bezeichnung, die seine Göttlichkeit betonte. Jesus ist Gott, kein Zweifel – der einzige und alleinige. Doch als Jesus auf die Erde kam, entledigte er sich seiner Göttlichkeit und kam als Menschensohn. Das bedeutet, er kam als einer von uns. Sterbliches Fleisch. Er konnte nicht einfach durch Wände gehen und plötzlich irgendwo auftauchen. Er konnte die Macht Gottes nur so erfahren, wie du und ich es können: indem er mit dem Heiligen Geist erfüllt wurde, der bei ihm war.

Welchen Titel verwendet er in dieser Geschichte? Schau dir Vers 6 noch einmal an: *»Damit ihr aber wisst, dass der Sohn des Menschen Vollmacht hat, auf Erden Sünden zu vergeben …«* Jesus handelt aus seinem Menschsein heraus. Er vergibt und heilt als Mensch, nur mit dem Heiligen Geist in ihm, genau wie du und ich. Und die Leute staunten und priesen Gott, der den Menschen solche Macht gegeben hatte. Was Jesus tat, kannst auch du tun. Du kannst Menschen, die unter der Last von Schuld und Verurteilung stehen, sagen: »Deine Sünden sind dir vergeben. Gott legt dir nichts zur Last. Jesus hat das alles auf sich genommen.«

Du darfst Menschen sagen: »Steh auf. Lauf nach Hause.« Denn mit dem Geschenk der Vergebung geht jeder andere Segen Gottes einher. Und so sagen wir der Gemeinde hier jede Woche: »Gott ist nicht böse auf euch. Also bückt euch, berührt die Zehen, streckt die Hand aus, steht auf; hört mit dem schlechten Ohr, seht mit dem anderen Auge; benutzt euer bisher krankes Bein, bewegt euch, als wäre die Arthritis verschwunden. Tut, was vorher schmerzhaft war. Tut es. Die Sünde ist verbannt. Die Segnungen sind gekommen.«

Kapitel 5

DAS MÄDCHEN SCHLÄFT NUR

Während Jesus so mit ihnen redete, siehe, da kam ein Synagogenvorsteher, fiel vor ihm nieder und sagte: »Meine Tochter ist eben gestorben; komm doch, leg ihr deine Hand auf und sie wird leben!« Jesus stand auf und folgte ihm mit seinen Jüngern. Und siehe, eine Frau, die schon zwölf Jahre an Blutfluss litt, trat von hinten heran und berührte den Saum seines Gewandes; denn sie sagte sich: Wenn ich auch nur sein Gewand berühre, werde ich geheilt. Jesus wandte sich um, und als er sie sah, sagte er: »Hab keine Angst, meine Tochter, dein Glaube hat dich gerettet!« Und von dieser Stunde an war die Frau geheilt. Als Jesus in das Haus des Synagogenvorstehers kam und die Flötenspieler und die Menge der klagenden Leute sah, sagte er: »Geht hinaus! Das Mädchen ist nicht gestorben, es schläft nur.« Da lachten sie ihn aus. Als man die Leute hinausgeworfen hatte, trat er ein und fasste das Mädchen an der Hand; da stand es auf. Und die Kunde davon verbreitete sich in der ganzen Gegend. — Matthäus 9,18–26 EÜ

Diese beiden Heilungsgeschichten kommen in drei der vier Evangelien vor, und zwar immer im Doppelpack. Die eine Geschichte ist eine Unterbrechung der anderen. Die Episode mit der kranken Frau ist in die Geschichte von Jairus' Tochter eingebettet. Beide sollen zusammen gelesen werden. Es gibt eine Verbindung, die wir sehen sollen. Das Mädchen und die Frau werden beide »Tochter«

genannt. Die Zahl zwölf verbindet sie. Das kleine Mädchen ist zwölf Jahre alt und die Frau hat zwölf Jahre lang gelitten. Zwölf ist die vollkommene Zahl, die Zahl der Vollendung. Zwölf Jahre blutete die Frau, zwölf Jahre lang litt sie. Sie verkörpert jedermanns Leiden und steht für jedermanns geistlichen Mangel – das Lebensblut fließt aus uns heraus und wir können nichts dagegen tun; keine menschliche Anstrengung vermag uns gesund zu machen.

Das junge Mädchen ist zwölf Jahre alt; das Alter, in dem man als Mädchen in Israel ins Erwachsenenalter eintritt und die Bat Mitzwa feiert. Dieses Mädchen steht für die Blütezeit unseres Lebens, nur ist es nicht lebendig. Es ist tot. Das ist der (fleischliche) Zustand der Menschheit ohne Christus. Sie ist tot, aber Jesus wird sie zum Leben erwecken! Die Geschichte des kleinen Mädchens umschließt die Geschichte der Frau, die vom Blutfluss geheilt wurde. Die Heilungsgeschichte der Frau befindet sich innerhalb der Erweckungsgeschichte des Mädchens. Die Segnungswunder zeigen sich im Werk der Gerechtigkeit. Um es anders zu sagen: Wenn wir zur Gerechtigkeit erwachen, erhalten wir alle Segnungen Gottes. Heilung kommt zusammen mit der Gerechtigkeit. Besitzt du die Gerechtigkeit Gottes? Dann wirst du in seinem Namen geheilt, denn Heilung gehört zur Gerechtigkeit.

Ich möchte dich sehen lassen, wie gut Jesus darin ist, Menschen zu helfen, von ihm zu empfangen. Jesus möchte unbedingt, dass Menschen von ihm Wunder empfangen – so sehr, dass er jede Chance wahrnimmt, die wir ihm bieten. Er wird durch die Tür gehen, die du ihm heute öffnest. Sieh dir die Türen an, durch die er schon gegangen ist.

Am Anfang von Matthäus 9 lesen wir, wie Jesus den Glauben des Gelähmten nutzte, um diesen Menschen von der Last der Verurteilung zu befreien. *»Fasse Mut, deine Sünden sind dir vergeben.«* Und als die Verdammnisgefühle weg waren, als der Mann wusste, dass Gott ihm seine Sünden nicht anrechnet, sprach Jesus das Wort der Heilung über ihn aus. *»Steh auf, nimm deine Bahre und geh nach Hause!«* Jesus heilt ihn, ohne ihn auch nur zu berühren.

Jairus (dessen Tochter tot war) wusste von alldem nichts. Ihm war nicht bewusst, dass Jesus mit nur einem Wort heilen kann. Also bat er Jesus, zu kommen und seiner Tochter die Hände aufzulegen. Er konnte glauben, dass Jesus durch eine Berührung heilen konnte (Jesus nahm diese offene Tür). Die Frau mit dem Blutfluss glaubte aber etwas anderes. Sie glaubte, dass sie gesund würde, wenn sie nur einen Teil von Jesu Kleidung berühren könnte. Wer von ihnen lag richtig? Beide lagen richtig. Was glaubst du, was es braucht, deine Heilung zu empfangen? Was immer es ist, du wirst damit recht haben.

Hier geht es darum, die wunderwirkende Güte Jesu zu empfangen. Sie alle glaubten, Jesus sei gut. Er *war* gut – davon waren sie überzeugt. Und jeder von ihnen vertraute auf seine ganz eigene Weise auf die Güte Jesu. Er berührt, er spricht … aber dann, bei dieser blutflüssigen Frau, war plötzlich alles ganz anders. Sie hatte ihr Augenmerk auf etwas ganz Bestimmtes gerichtet – auf den Saum seines Gewandes. So wird es meistens übersetzt, aber es ging nicht wirklich um das, was wir heute als Saum eines Kleidungsstücks bezeichnen würden. Das griechische Wort ist *kraspedon* und bedeutet »Fransen« oder »Quasten«. Als Jesus die Pharisäer beschimpfte, benutzte er genau dieses Wort und sagte: »Sie machen ihre Quasten lang, um eine Show abzuziehen.« Einige ließen sie über den Boden schleifen, um zu zeigen, wie gerecht die Träger des Gewandes waren. Diese Quasten wurden an allen vier Saumecken des Obergewandes der Männer angebracht. Sie werden *Zizit* genannt. Es gibt einen Grund, warum die Pharisäer stolz auf sie waren, denn sie hatten eine symbolische Bedeutung.

Diese *Zizit* genannten Quasten wurden auf ganz spezielle Weise am Gebetsschal, dem *Tallit*, angebracht. Addiert man den Zahlenwert der Buchstaben des Wortes *Zizit*, erhält man den numerischen Wert 600; jede *Zizit* oder Quaste besteht aus acht Fäden mit fünf Doppelknoten. Das ergibt als Summe 613 und steht für die 613 religiösen Gesetze der Juden. Sie befanden sich an allen vier Ecken, sodass man sich immer an das Gesetz Gottes erinnert sah, egal, in welche Richtung man blickte. Die eigenen *Zizit* standen für die persönlichen Bemühungen um Einhaltung des Gesetzes. Pharisäer machten ihre *Zizit* besonders lang, um zu sagen: »Wir sind so was von gerecht! Ihr einfachen Leute könnt euch doch gar nicht mit uns messen, also bleibt weg mit eurer Unreinheit.« Jesus hingegen trat völlig anders auf: »Kommt zu mir. Nehmt von meiner Gerechtigkeit. Ich heiße euch gut.« Als die blutflüssige Frau Jesus ansah, sah sie seine Quasten – seine Bemühungen um Heiligkeit –, die an ihm hingen, und sie erschienen ihr nicht abwehrend, sondern sie wurde von ihnen angezogen. Sie sagte: »Wenn ich nur seine Quasten berühren kann, wenn ich nur die Fransen an seinem Gewand berühren kann, die seine Gerechtigkeit vor Gott darstellen, dann werde ich geheilt.«

Wie um alles in der Welt kam sie zu diesem Schluss? Diese Frau war seit zwölf Jahren an Blutfluss erkrankt. Sie war eine verfluchte Frau (in ihren und in jedermanns Augen). Man hatte sie gelehrt, dass sie etwas getan haben müsse, um den Fluch der Krankheit zu verdienen, und diese Krankheit hielt sie in einem permanenten Zustand der Unreinheit. Die jüdischen religiösen Gesetze für eine unreine Person waren bis ins kleinste Detail ausformuliert. Diese Reinheitsgesetze wurden durch eine Vielzahl von Knoten in der Quaste dargestellt. Eine erkrankte Frau durfte keinen Körperkontakt mit ihrem Mann haben. Sie durfte den Tempel nicht betreten. Es war ihr nicht erlaubt, jemanden zu berühren. Jeder, den sie berührte, wurde unrein. Alles, was sie anfasste, wurde unrein. Sie war sowohl in gesellschaftlicher als auch religiöser Hinsicht eine Ausgestoßene.

Sie sagt sich: »Ich weiß nicht, was ich getan habe, aber die Chance, von Gott beachtet zu werden, steht bei null, denn ich muss es offensichtlich komplett vermasselt haben. Ich brauche seine Barmherzigkeit. Ich brauche seine Gnade! Aber die gibt es für mich nicht.« Kannst du dir vorstellen, wie sie für sich die Feststellung trifft, dass sie einen »Mittler« bei Gott braucht, wenn sie gesunden will? »Ich brauche jemanden, dessen Gerechtigkeit meine eigene bei weitem übertrifft. Ich sehe Jesus, der all diese Wunder tut. Jeder, der zu ihm kommt, wird geheilt, aber ich kann ja gar nicht zu ihm kommen. Würde er mich kennen, dürfte er mich nicht einmal berühren. Aber ich weiß, dass er ein gerechter Mensch sein muss. Ich werde mich nach seiner Gerechtigkeit ausstrecken. Ich werde seine Gesetzes-Quasten berühren, seinen Saum, denn wenn ich seine Gerechtigkeit berühre, berühre ich Vollkommenheit; ich berühre Gottebenbildlichkeit, und dann wird Gott sich meiner erbarmen und ich werde Heilung finden.«

Denkst du, sie kannte die alttestamentlichen Verse über Heilung nicht? Gott ist der Gott, der sein Volk heilt. Gott selbst sagt das von sich. Als Gott sich seinem Volk zum ersten Mal namentlich offenbart, sagt er: »Ich bin Jahwe Rapha.« Sie wusste das. Vielleicht hat sie es sogar selbst in den Schriften nachgelesen, denn ihre Krankheit wird sie dazu getrieben haben, in Gott eine Lösung für ihr Problem zu finden. Genau das würden auch du und ich tun, wenn wir krank wären. Wir würden alle Bibelstellen heraussuchen, in denen es um Heilung geht. Und ja, das ist eine gute Sache – sich einfach daran zu erinnern, dass Gott der Gott der Heilung und der Gesundheit ist. Sie kannte diese Schriftstellen. Man ist nicht jüdisch und zwölf Jahre lang krank, ohne herauszufinden, was

Gott über einen sagt. Und dann ist da plötzlich Jesus. Und dieser Jesus ist vielleicht der Messias! Hätte sie da nicht in den Schriften nachgeforscht, ob der Messias und Heilung zusammenpassen? Sie denkt: »Könnte das meine Antwort sein? Was sagen die Propheten darüber?« Kannst du dir vorstellen, wie sie zu einem Rabbiner sagt: »Bitte helfen Sie mir, Rabbi! Was sagt die Heilige Schrift?«

In Jesaja 53,5 (EÜ) sagt sie dies: *»Durch seine Wunden sind wir geheilt.«* Und die Frau würde denken: »Okay, der Messias bringt Heilung, aber die Sache mit den Wunden verstehe ich nicht. Gibt es noch andere Schriftstellen?« Ja, die gibt es. In Maleachi 3,20 (ELB) heißt es: *»Aber euch, die ihr meinen Namen fürchtet, wird die Sonne der Gerechtigkeit aufgehen, und Heilung ist in ihren Flügeln.«* Ja, mit Heilung in seinen Flügeln, Heilung in seinen *kanaf* (das ist das hebräische Wort, das sie gelesen haben würde). *Kanaf! Kanaf!* Es ist dasselbe Wort, das Gott benutzte, als er in 4. Mose 15,38 die Anbringung der Quasten (oder Fransen) am Saum der Gewänder anordnete. Denn tatsächlich wurde der Saum des jüdischen Gewandes, an dem die Quasten befestigt waren, als »Flügel« des Gewandes bezeichnet. Wenn der Messias kommt, wird er Heilung in seinem Saum haben. Kannst du dir vorstellen, wie sie ausruft: »Gott, in deinem Wort steht, dass der Messias Heilung im Saum seines Gewandes haben wird. Ist das wahr? Ist da eine Heilungssalbung in seinem Saum?«

In Psalm 133 (NLB) ist auch vom Saum des Gewandes die Rede: *»Wie schön und wie wunderbar ist es, wenn Brüder einträchtig zusammenleben! Das ist so kostbar wie das duftende Salböl* (Öl ist der Geist Gottes, der Heilige Geist!), *das Aaron* (der als Hoherpriester Gott den Menschen gegenüber vertritt und umgekehrt) *über das Haupt gegossen wurde, das hinabrann in seinen Bart, an seinem Körper hinunter bis zum Saum seines Gewandes. Es ist so erfrischend wie der Tau vom Berg Hermon, der auf die Berge Zions* *fällt. Denn dort verheißt der Herr seinen Segen und Leben, das niemals enden wird.«* Vom Geist kommt eine Salbung, die Salbung des ewigen Lebens, die von den Flügeln des Hohenpriesters – eines Menschen! – tropft.

Auch an den *Kanaf* (den Flügeln) des Hohenpriesters fand sich das Gesetz Gottes. Tatsächlich entsprachen die Zizit (die Quasten), die von den gewöhnlichen Männern getragen wurden, der Bedeutung nach dem, was der Hohepriester trug; nur das Symbol war ein anderes – statt der Quasten trug er Granatäpfel an seinem Gewand. Wer schon mal einen Granatapfel gegessen hat, weiß, dass er wegen seiner saftigen Samen gegessen wird. Im Grunde besteht die ganze Frucht aus einem Haufen Granatapfelkerne. Laut der jüdischen Tradition sind es 613 Kerne pro Granatapfel. Jeder Kern steht für eines der jüdischen Gesetze.

Neben den Granatäpfeln waren am Gewand des Hohenpriesters – den *Kanaf*, seinen Flügeln – auch noch Glocken befestigt. Wenn der Hohepriester allein in das Allerheiligste hineinging, konnten die Menschen ihn dank der Glocken bei der Verrichtung seiner Aufgaben hören. Verstummten die Glocken, wusste man draußen, dass der Hohepriester in der Gegenwart Gottes gestorben war, und konnte ihn an dem Seil, das um seinen Fuß gebunden war, herausziehen. An den Flügeln des priesterlichen Obergewandes waren also diese kleinen metallenen Ziergranatäpfel und kleine Glocken befestigt; Granatäpfel und Glocken liefen abwechselnd einmal um den ganzen Saum herum. Wenn der Priester unwürdig war, wenn er nicht alle Kerne des Granatapfels gegessen hatte (das heißt, nicht das ganze Gesetz eingehalten hatte), steckte er in großen Schwierigkeiten.

Die Quasten, die von den jüdischen Männern zur Zeit Jesu getragen wurden, hatten den gleichen Zweck – sie waren Erinnerungen. Daran, dass du dich anstrengen musst: Hast du jedes

Gesetz gegessen? Hast du alle 613 gegessen? Der Einzige, der das in der Geschichte der Menschheit jemals mit »Ja« beantworten konnte, war Jesus.

Diese Frau, deren Glaube nun gefestigt war, drängte sich eisern entschlossen durch die Menge. Sie war sich sicher: »Er ist der Messias; er hat alle 613 Samen des Gesetzes gegessen. Er hat die Salbung Aarons, die bis zum Rand seines *Kanafs* hinabfließt. Er ist der Sohn der Gerechtigkeit mit Heilung in seinen Flügeln, und wenn ich seine Flügel berühre, wenn ich seine Gerechtigkeit berühre, wird diese Salbung zu mir fließen – denn du, Gott, hast gesagt, dass du der Gott bist, der sein Volk heilt. Heile mich durch Jesus.« Und dann berührt sie seine Quasten und wie ein Blitz fließt heilende Kraft aus ihm heraus. Sie schöpfte aus *seiner* Gerechtigkeit, nicht aus ihrer eigenen. Ohne das Wissen oder die Zustimmung Jesu hatte sie Anteil an seiner Gerechtigkeit, und eingebettet in die Gerechtigkeit liegt Heilung.

Er dreht sich um. »Wer hat mich berührt? Kraft ging von mir aus.« Sie fällt auf die Knie. Die wunderbaren Details dieses Ereignisses sind an anderer Stelle zu finden. Jedenfalls ist sie zu Tode erschrocken. Sie ist voller Staunen und Ehrfurcht. Heilung ist in sie hineingeflossen. Sie wusste es doch: Jesus würde sie finden. Kannst du ihn lächeln sehen? Du weißt, er hat gelächelt. Eines von Papas Kindern hat es soeben begriffen. Er sagt in Vers 22: *»Hab keine Angst, meine Tochter, dein Glaube hat dich gerettet!« Und von dieser Stunde an war die Frau geheilt.*

Wie sehr muss dieses Wunder Jairus' Glauben gestärkt haben! Wenn Menschen geheilt werden konnten, nur weil sie die Quasten an Jesu Gewand berührten – und das ohne sein Wissen –, was könnte dann passieren, wenn Jesus jemanden absichtlich berührte? Sollte einen das nicht noch zuversichtlicher machen? Jesus ist derselbe, gestern, heute und in Ewigkeit. Du und ich schöpfen heute aus der Gerechtigkeit, die von Jesus kommt. Es ist seine Gerechtigkeit. Und was kommt mit seiner Gerechtigkeit? Heilung! Jesus heilt dich. Hier geschieht etwas Großes und bei der nächsten Heilung zeigt sich das noch sehr viel stärker und deutlicher.

Was geschieht mit dem kleinen Mädchen, das gestorben ist? Sieh dir an, was Jesus tut. In den Versen 23–24 lesen wir: *Als Jesus in das Haus des Synagogenvorstehers kam und die Flötenspieler und die Menge der klagenden Leute sah, sagte er: »Geht hinaus! Das Mädchen ist nicht gestorben, es schläft nur.« Da lachten sie ihn aus.* Jesus sagt hier etwas sehr Wichtiges aus meiner Sicht. Das kleine Mädchen war gestorben. Jesus kommt und sagt den Leuten: »Es ist nicht tot, es schläft nur.« Was denkst du? Ist das Mädchen tot? Ja, es ist tot. Aus rein menschlicher Sicht könnte man sagen, dass der Tod dieses Mädchens eine »Tatsache« ist. Es gibt keinen Puls, keine Atmung und keine Bewegung. Die Leichenstarre hat eingesetzt. Dem Fleisch nach ist sie tot.

Jesus kommt und sagt: »Sie ist nicht tot, sie schläft.« Was tut er? Er widerspricht der Realität des Fleisches und bringt eine neue Realität in die Situation, seine eigene Realität des Geistes – die Jesus-Realität. Jesus weist die Realität des Fleisches zurück. Er lässt ihr keinen Spielraum. Er sagt nicht: »Ja gut, mir ist schon klar, dass sie im Fleisch tot ist, aber ich sehe die Dinge eben anders.« Nein, er gibt der fleischlichen Realität keinen Raum. Er präsentiert seine eigene Realität, eine entgegenwirkende Realität, und er spricht sie aus. Und die Menschen, die zuhören, können entscheiden, an welcher Realität sie teilhaben wollen.

Werden sie sich auf die neue Realität einlassen, die Jesus bietet, oder halten sie lieber an der fleischlichen Realität fest? Jedes Versprechen, jedes Werk, jede gute Sache in deinem Leben hat ihren Platz in einer Realität, die nur er bieten kann; und diese Realität steht in Konkurrenz zur fleischlichen Realität. Dazu gehört alles –

von Heilung über Gerechtigkeit bis hin zu unserem Bankkonto, unseren Beziehungen, unseren Ehen, einfach alles. Und so lange du dich an der fleischlichen Realität ausrichtest, wirst du Schwierigkeiten haben, irgendwo in deinem Leben siegreich zu sein. Ich weiß das aus Erfahrung.

Im Fleisch, meiner Persönlichkeit entsprechend, kann ich mürrisch, grob und depressiv sein. Ich könnte einen Persönlichkeitstest machen, jemandem die Ergebnisse zeigen und der würde mir sagen: »Sie sind ein mürrischer, grober und depressiver Mensch.« Das ist die fleischesgemäße Realität, aus welchen Gründen auch immer. Aber wenn meine Frau Sherry mich ansieht und sagt: »Du bist ein gerechter und mächtiger Mann Gottes, der Lieblingssohn deines Vaters, ein gesegneter Mensch, der äußerst liebevoll und geduldig ist; du besitzt die Fähigkeit, eine Gemeinde zu leiten und unserer Familie vorzustehen«, dann passiert etwas. Ich fange an zu glauben, was sie sagt, weil das die Realität ist, die Jesus mir bringt. Und weißt du was? Ich verhalte mich dann wie *dieser* Mensch!

Zum Leben im vollbrachten Werk Jesu gehört auch, keiner Realität Raum zu geben, die nicht mit seinem Werk im Einklang steht. Du bist für immer vollkommen gemacht; das sagt dir Jesu Realität in Hebräer 10,14: *»Denn durch dieses eine Opfer hat er alle, die er heiligt, für immer vollkommen gemacht.«* Und das heißt, ich bin vollkommen. Du bist vollkommen. Menschen, die so eine Aussage nicht verstehen, halten sie für stolzes Gerede. Aber genau das Gegenteil ist wahr, denn so sieht Demut aus! Demut nimmt dankbar an, was Jesus über uns sagt, und verlässt sich darauf; wir unterstellen uns seinen Worten, die er über uns spricht. Wir nehmen jeden Gedanken gefangen, der sich dem Gehorsam Christi widersetzt, der sich gegen das auflehnt, was er für uns getan hat! Es geht darum, sich ganz auf das vollbrachte Werk Jesu zu verlassen.

Die Menschen, die diese Realität nicht annehmen, stehen mit der Menge der Trauernden, die Jesus zum Hohn ausgelacht haben.

Ich bin geheilt in Jesu Namen. Trägt er Heilung in seinen Flügeln, die er uns durch seine Gerechtigkeit bringt? Ja, das tut er. Psalm 103 sagt, dass er Gott ist, und fordert uns auf, seine Wohltaten nicht zu vergessen! Er ist derjenige, der *»dir alle deine Sünden [vergibt] und alle deine Krankheiten [heilt]«*. Wenn du glaubst, dass er alle deine Sünden vergeben hat, solltest du auch glauben, dass er alle deine Krankheiten geheilt hat. Jesus kam, *»damit sich erfüllen sollte, was durch den Propheten Jesaja gesagt worden ist: Er hat unsere Leiden auf sich genommen und unsere Krankheiten getragen«* (Mt 8,17 EÜ). Nicht nur ein paar davon. Wenn du denkst, er habe nur einige getragen, kannst du genauso gut glauben, er habe gar keine getragen, denn du wirst immer denken, dass deine Krankheit vermutlich zu denen gehört, die er nicht getragen hat und auch nicht heilen wird. Deshalb nein: Er trug sie alle und er heilt sie alle.

Schenke der Realität des Fleisches keine Beachtung. Du kannst nicht einfach auf die widerstreitende fleischliche Realität um dich herum blicken und sagen: »Menschen werden nun mal krank, so ist der Lauf der Dinge in einer gefallenen Welt.« Nein! Jesus bringt seine eigene Realität ein. *»Der dir alle deine Sünden vergibt und alle deine Krankheiten heilt.«* Das schließt jede Erkältung, jeden Virus und jede seltene und unheilbare Krankheit ein. Er ist der Gott, der dich heilt. Es gibt Heilung in seinen Flügeln. Die Salbung der Heilung fließt auch heute noch aus seiner Gerechtigkeit, und *du bist gerecht*!

Du bist heilig. Du bist gerecht. Du bist vollkommen. Du bist geheilt. Es ist keine Sünde an dir. Es gibt keine Spur des Bösen in dir. Weil du in Christus bist, bist du in der perfekten Position, um jeden Segen von ihm zu empfangen. Du bist eins mit ihm. Jesus hat das gesagt. Diejenigen, die in Christus sind, haben denselben Geist. Ein Geist! Denkst du, Jesus könnte sich einen Geist mit dem Bösen oder der Sünde oder der Ungerechtigkeit teilen? Nein. All das existiert nicht mehr in dir. Du sitzt stattdessen mit Christus zur rechten Hand des Vaters. Der Vater liebt dich genauso, wie er Jesus liebt. Du bist in seinem Namen geheilt. Nimm diese Realität an. Du bist Teilhaber an jedem geistlichen Segen des Himmels geworden. Dieser Segen ist bereits in dir. Die Fülle Gottes ist bereits in dir. Heilung und göttliche Gesundheit sind in dir. Vollkommene Erneuerung ist in dir. Die Fülle des Geistes ist in dir. Prophezeiungen sind in dir. Visionen sind in dir. Träume sind in dir. Die Sprachenrede ist in dir. Wunder sind in dir. Verspotte diese Realität nicht, sondern heiße sie mit einem »Amen« willkommen! Stimme mit Jesus überein. Komm in Einklang mit der Realität, die er dir gebracht hat. Wohlergehen ist in dir. *»Er war reich und wurde doch arm, um euch durch seine Armut reich zu machen«* (2Kor 8,9 HFA).

Hör gut zu, das ist sehr wichtig: Jesus bittet dich nicht, an etwas zu glauben, was du noch nicht besitzt. Er bittet dich, an eine anderslautende Realität zu glauben, eine geistliche Realität, die in diesem Moment in seinem Reich existiert; es ist die Realität, die er für dich geschaffen hat, damit du in ihr leben kannst. »Sie ist nicht tot. Sie schläft, und ich bin gekommen, um sie zu wecken.« Er schickte all diejenigen aus dem Raum, die sich entschieden hatten, nicht an seine Realität zu glauben – alle Spötter. Dann nahm er das Mädchen bei der Hand und weckte es aus seinem Schlaf. Die übelriechende fleischliche Realität des Todes beugte sich der mächtigeren Realität des Geistes, und das Mädchen stand von den Toten auf.

Du bist geheilt. Schau nicht auf die fleischliche Realität. Du bist gesund und heil in Jesus. Das ist die absolute, treffsichere, nicht zusammenphantasierte Realität. Sie ist nicht in Träumereien oder Wunschdenken angesiedelt. Sie ist real. Du bist *geheilt.* Du *bist* geheilt. *Du* bist geheilt.

Du hast Leben im Überfluss – und zwar genau in diesem Moment. Gott hat dich aus Fleisch und Blut erschaffen und er kümmert sich um deine Bedürfnisse, die sich aus diesem Umstand ergeben. Er segnet dich nicht erst, wenn du gestorben bist und in den Himmel kommst. Er hilft *jetzt.* Ewiges Leben beginnt jetzt. Ein Leben in Fülle beginnt jetzt. Jesus hat dieses Werk in dir getan. Wenn du über seine Realität lachst, wirst du aus dem Zimmer geworfen. Damit meine ich, dass du bekommst, was du glaubst. Du bekommst die Realität, an die du glaubst. Schläft das Mädchen oder ist es tot? Bring hier nichts durcheinander. Es ist nicht ein bisschen von beidem. Schläft es oder ist es tot? Bist du krank oder bist du geheilt?

Kapitel 6

DIE HEILUNG DES GELÄHMTEN AM TEICH BETHESDA

Danach ging Jesus zu einem der jüdischen Feste nach Jerusalem hinauf. Innerhalb der Stadtmauern, in der Nähe des Schaftores, befindet sich ein Teich mit fünf Säulenhallen, der auf Hebräisch Bethesda genannt wird. Scharen von kranken Menschen – Blinde, Gelähmte oder Verkrüppelte – lagen in den Hallen und warteten [auf eine bestimmte Bewegung des Wassers, denn von Zeit zu Zeit kam ein Engel des Herrn und bewegte das Wasser]. Und wer danach als Erster ins Wasser stieg, wurde geheilt. Einer der Männer, die dort lagen, war seit achtunddreißig Jahren krank. Als Jesus ihn sah und erfuhr, wie lange er schon krank war, fragte er ihn: »Willst du gesund werden?« »Herr, ich kann nicht«, sagte der Kranke, »denn ich habe niemanden, der mich in den Teich trägt, wenn sich das Wasser bewegt. Während ich noch versuche hinzugelangen, steigt immer schon ein anderer vor mir hinein.« Jesus sagt zu ihm: »Steh auf, nimm deine Matte und geh!« Im selben Augenblick war der Mann geheilt! Er rollte die Matte zusammen und begann umherzugehen. Doch dies geschah an einem Sabbat, und das wollten die führenden Männer des jüdischen Volkes nicht dulden.

Sie sagten zu dem Mann, der geheilt worden war: »Du darfst am Sabbat nicht arbeiten! Es ist gegen das Gesetz, diese Matte herumzutragen!« Er entgegnete: »Der Mann, der mich geheilt hat, sagte zu mir: ›Nimm deine Matte und geh!‹« »Wer ist dieser Mann, der das zu dir gesagt hat?«, fragten sie. Der geheilte Mann wusste es aber nicht, denn Jesus war in der Menge verschwunden. Später traf Jesus den Mann im Tempel wieder und sagte zu ihm: »Du bist jetzt gesund. Nun höre auf zu sündigen, damit dir nicht noch etwas Schlimmeres widerfährt.« Danach suchte der Mann die führenden Juden wieder auf und berichtete ihnen, dass es Jesus war, der ihn geheilt hatte. Von da an verfolgten die führenden Juden Jesus, weil er dies an einem Sabbat getan hatte. Doch Jesus entgegnete ihnen: »Mein Vater hat bis heute nicht aufgehört zu wirken und deshalb wirke ich auch.« — Johannes 5,1–17 NLB

Dies ist eine skurrile Geschichte. Tatsächlich hat mich der Teil über den Engel, der das Wasser bewegt und eine Person gesund macht, immer gestört. Und es hat mich auch gestört, dass Jesus hier, an einem Ort, an dem es so viele Kranke gibt, nur eine Person heilt. Und dann ist da noch die Stelle am Ende der Geschichte, als Jesus im Tempel erneut auf diesen Mann trifft und ihn ermahnt: »Sündige nicht mehr, damit dir nicht noch etwas Schlimmeres widerfährt.« Wir alle fragen uns, was er getan hat, dass er überhaupt so krank wurde. Es scheint, die Moral von der Geschichte lautet: »Hör auf! Egal, um welche Sünde es bei dir geht – lass sie sein.« Ist das die Kernaussage? »Hör auf zu sündigen, sonst werden dir schlimme Dinge passieren.« Okay, und jetzt mach deinen Kopf frei von allem, was du bisher hierüber gehört hast. Betrachte es mit neuen Augen.

Zunächst möchte ich auf das Offensichtliche hinweisen. Wenn du eine entsprechende Bibelübersetzung hast, findest du am Ende von Vers 4 eine Fußnote, die auf Text hinweist, den ich im einleitenden Bibelabschnitt zu diesem Kapitel in Klammern gesetzt habe. Diese Fußnote solltest du lesen. Die King James Bibel zum Beispiel weist darauf hin, dass die ältesten und besten Manuskripte nur den ersten Teil von Vers 3 enthalten und Vers 4 überhaupt nicht. Mit anderen Worten, das bisschen Information über den Engel, der kommt und das Wasser bewegt, woraufhin immer eine Person hineinspringen darf, steht nicht im ursprünglichen hebräischen Bibeltext. Neuere Bibelübersetzungen lassen diesen Teil sogar einfach ganz weg.

Ich finde das als Randnotiz sehr hilfreich. Ich denke nämlich, dieser Mann glaubte wirklich, ein Engel bewege gelegentlich das Wasser und die erste Person, die dann in den Teich stiege, würde geheilt. Es erklärt seine Antwort an Jesus, als dieser ihn fragt: »Willst du gesund werden?« Er antwortet nämlich: *»Herr, ich kann nicht, denn ich habe niemanden, der mich in den Teich trägt, wenn sich das Wasser bewegt. Während ich noch versuche hinzugelangen, steigt immer schon ein anderer vor mir hinein.«* So erklärt sich der Kommentar zu dieser Bibelstelle. Er ist hilfreich, um zu verstehen, was dieser Mann dachte, doch es handelt sich bei diesem Zusatz nicht um das verbindliche Wort Gottes.

Ich glaube, es entspricht ganz und gar nicht Gottes Wesen, Menschen in einer Art Heilungslotterie in einen Wettstreit treten zu lassen, bei dem nur der Stärkste und Schnellste geheilt werden kann. Tatsächlich denke ich, dass dies sogar einer der Gründe ist, weshalb Jesus diesen Mann auswählte. Angesichts all der Menschen, die entschlossen darauf warteten, ihre Geschicklichkeit und Kraft einzusetzen, sobald sich das Wasser bewegte, wusste dieser Mann, dass er keine Chance hatte. Diesem Mann war klar, dass er Hilfe brauchte, und er hatte niemanden, der ihm hätte helfen können. Zumindest hatte er erkannt, dass er nicht aus eigener Kraft und Anstrengung geheilt werden konnte.

In dieser Heilung gibt es eindeutige und offenkundige Hinweise, die uns helfen, die Begebenheit zu interpretieren. Als ersten Hinweis finden wir den Namen des Teiches, an dem die Heilung stattfand – »Bethesda«. Bethesda ist ein hebräischer Name, der sich aus zwei Wörtern zusammensetzt – den Wurzelwörtern *beth* und *chäsäd*. Beth bedeutet »Haus«. *Chäsäd* wird auf verschiedene Weise übersetzt.

Der Hebräisch-Experte Norman Snaith hat über das zugrundeliegende hebräische Wort *chäsäd* dies geschrieben: »Bibelwissenschaftler haben sich oft darüber beschwert, dass das Wort חֶסֶד im hebräischen Bibeltext schwer ins Englische zu übertragen ist, weil es in unserer Sprache eigentlich keine genaue Entsprechung gibt. Englische Versionen versuchen gewöhnlich, es mit Worten wie ›liebevolle Güte, Barmherzigkeit, unerschütterliche Liebe‹ oder auch ›Treue‹ zu umschreiben, aber die volle Bedeutung des Wortes kann nicht ohne Erläuterung vermittelt werden. Die nächstliegende neutestamentliche Entsprechung zum hebräischen *chäsäd* ist ›Gnade‹.« Die beste Übersetzung für den Namen Bethesda ist somit »Haus der Gnade«.

Hier haben wir also den Teich, der Haus der Gnade genannt wird. Es ist der Teich der Gnade. Wie viele Vorhallen oder Alkoven hat das Haus der Gnade? Es sind fünf. Fünf ist die Zahl, die für Gnade steht. Hier ist das Bild: Johannes erzählt uns, dass der Teich der Gnade, der vom Haus der Gnade umgeben war, direkt neben einem Tor lag, das Schafstor genannt wurde. Das Schafstor war das Tor, durch das die Schafe zum Sündopfer in den Tempel gebracht wurden. Stell dir nun die Schafe vor, wie sie von den kranken Menschen hineingebracht und an den bereits wartenden Kranken vorbeigeführt wurden – ein unablässiger Strom. Jedes Schaf repräsentierte eine Sünde, die gesühnt werden musste. **Jedes**

Schaf war eine Erinnerung daran, dass wir unfähig sind, das Gesetz Gottes zu halten.

Wir haben hier also die Kranken am Teich der Gnade; und Tag für Tag – von morgens bis abends – marschieren an ihnen Mahnungen an die menschliche Unfähigkeit zu gerechtem Leben vorbei. Der Ort ist brechend voll mit kränklichen Menschen, die ständig an ihre sündige Natur erinnert werden. Ein Bibelgelehrter hat die Zahl der Kranken in diesen Vorhallen einmal auf über dreitausend geschätzt. Johannes sagt nur, dass es sehr viele waren. Dreitausend klingt nach sehr vielen, nicht wahr? Aber überleg mal: Diese vielen Kranken, alle dreitausend, sitzen in den Säulenhallen, den überdachten Eingängen, die den Gnade genannten Teich umgeben – und keiner von ihnen ist *im* Teich der Gnade. Keiner von ihnen ist in die Gnade eingetaucht. Sie warten alle. Das ist das Bild. *Das ist das Zeichen!* Keiner von ihnen hat Anteil an der Gunst Gottes, die sie erlösen würde, obwohl sie direkt in deren Gegenwart sind.

Dies ist ein Bild oder ein Gleichnis über das jüdische Volk zu Jesu Zeiten. Das wird durch die Tatsache verdeutlicht, dass der Mann, den Jesus anspricht, seit achtunddreißig Jahren gebrechlich, schwach und lahm war. In Vers 5 heißt es: *»Einer von den Menschen, die dort lagen, war schon seit 38 Jahren krank.«* Das ist die Art von Detailinformation, die aus einem bestimmten Grund gegeben wird. Nur ein einziges weiteres Mal in der gesamten Bibel kommen diese »38 Jahre« vor: In 5. Mose 2,14, wo uns gesagt wird, wie lange die Israeliten in der Wüste umherzogen.

Manch einer wird jetzt vielleicht sagen: »Ich dachte, die Israeliten wanderten vierzig Jahre lang in der Wüste umher.« Nein, das taten sie nicht. Die ersten zwei Jahre in der Wüste wurden sie von Gott gestärkt und geführt und bis zum verheißenen Land gebracht. Als sie dort angekommen waren, sagte Gott zu ihnen: »Nehmt es in Besitz, es gehört euch«, aber sie taten es nicht! Sie nahmen es nicht ein, weil sie nicht glaubten, dass Gott es ihnen in die Hände geben würde. Und als Strafe für ihren Unglauben konnten sie es gar nicht mehr betreten; stattdessen ließ Gott sie für weitere achtunddreißig Jahre in die Wüste zurückkehren, bis jene Generation ausgestorben war. Die Menschen, die in dieser Zeitspanne lebten, konnten das verheißene Land – das Land, in dem Milch und Honig flossen – nicht betreten. Sie waren, anders gesagt, nicht in der Lage, die Segnungen aus Gottes Hand zu empfangen, weder seine Fürsorge noch seine Versorgung. Wieso? Weil sie keine Kraft jenseits ihrer eigenen Stärke zu sehen vermochten, die ihnen diese Dinge geben könnte. Sie glaubten nicht, dass Gott ihre Stärke sein würde, mit der sie das verheißene Land einnehmen könnten.

Der Mann, den Jesus ansprach, war achtunddreißig Jahre lang krank, gebrechlich und lahm gewesen. Er verkörpert das ungläubige Israel, das nicht glauben konnte, dass Gott einen Weg hatte, sie zu befreien und sie in das verheißene Land zu führen. Der Mann ist unfähig zu gehen. Er kann nicht zum Teich der Gnade laufen; er kann sich nicht unter Gottes Versorgung begeben, er kann nicht in die Segnungen eintauchen, die Gott für ihn hat. Er kann nicht glauben, dass es eine Kraft jenseits seiner eigenen Stärke gibt, die ihm einfach geben könnte, was er braucht.

Man beachte: Er hat nicht die leiseste Ahnung, wer Jesus ist. Jesus kommt direkt zu ihm und spricht ihn an. Er erkennt ihn nicht und zeigt auch kein Interesse an seiner Identität. Tatsächlich weiß keiner der kranken Menschen, die am Teich der Gnade sitzen und warten, wer Jesus ist. Sie sind ganz darauf konzentriert, auf ihre eigene Weise und durch eigene Bemühungen gesund zu werden. Sie sind in diesem Mythos von der Heilung durch einen Engel gefangen. Sie denken, dass sich Gottes Gnade gewinnen lässt, wenn man der Erste und Schnellste ist und sich bemüht, besser zu sein als alle anderen. Ihre Einstellung ist: Wenn du alle anderen schlagen kannst, schaffst du es in den Teich der Gnade und bekommst als Lohn deine Heilung.

Und zu welchem Ergebnis führte diese Einstellung? Keiner von ihnen wurde geheilt. Überall sonst in den Evangelien heißt es immer: »*Und Jesus heilte sie alle.*« Aber hier heilt er nur einen. Wo ist der Unterschied? Ist Jesus launisch und beschließt jeweils spontan, wen er heilt und wen nicht? Nein. Jesus heilte alle, die zu ihm kamen – alle, die ihn um Heilung baten, und alle, deren Glaube sich auf ihn erstreckte und die ihr Vertrauen in ihn setzten. Er heilte sie alle. Es war Jesu Herzenswunsch, auch alle Kranken am Teich Bethesda zu heilen, aber keiner von ihnen wandte sich an ihn.

Also geht Jesus zu der hilflosesten Person unter den Anwesenden. Er geht zu demjenigen, der sich zumindest eingesteht, dass er es nicht alleine schafft – zu dem Mann, der niemanden hat, der ihm in den Teich der Gnade helfen könnte. Jesus fasst in den winzigen Spalt in der kaum geöffneten Tür zu seinem Herzen und sagt: »Ich werde derjenige sein, der dir hilft. Du brauchst einen Helfer. Ja, ich werde dir helfen. Steh auf, nimm dein Bett und geh.« Bäm! Heilung!

Und der Mann geht einfach davon. Keiner bemerkt es. Der geheilte Mann erfährt nicht den Namen von Jesus. Er geht einfach … weg. Ist das nicht seltsam? Komm schon! Das ist mehr als seltsam! Wie war es bei jenem Aussätzigen, der von Jesus auf dem Weg zum Tempel geheilt wurde? Er rannte zu Jesus zurück! Und was ist mit dem blind geborenen Mann, der von Jesus geheilt wurde? Als Folge davon betete er Jesus an. Er verliebte sich in Jesus! Und was macht dieser Mann? Er geht einfach weg.

Die Pharisäer sehen ihn sein Bett tragen. Es ist Sabbat, und am Sabbat darf man nicht arbeiten. Kein Herumschleppen von Betten am Sabbat. Die Sabbatpolizei fragt ihn, was er da tue. Dieser Typ beschuldigt denjenigen, der ihn geheilt hat (sagt, es sei *dessen* Schuld), kennt aber den Namen von Jesus nicht, kann ihn also nicht verraten. Wenig später wird er von Jesus im Tempel gefunden. Der Mann zeigt keine Dankbarkeit, keine Wertschätzung, kein Dankeschön, nichts. Er merkt sich den Namen Jesu und geht schnurstracks zu den Pharisäern und meldet ihn dort. Da ist kein Glaube. Es gibt keine Dankbarkeit. Keine Herzensveränderung.

Behalte im Sinn, dass dies ein Bild ist. Was sagt Jesus zu dem Mann, als er ihn nach der Heilung im Tempel sieht? *»Sündige nicht mehr, damit dir nicht noch etwas Schlimmeres widerfährt«* (Vers 14). Und jeder fragt sich nun, durch welche Sünde dieser arme Kerl überhaupt in solche Umstände gebracht wurde. Falsche Frage, denn sie geht an der Sache vorbei. Die Sünde, auf die sich Jesus bezieht, ist dieselbe Sünde, die Israel davon abhielt, das verheißene Land zu betreten. *Es ist die Sünde des Unglaubens.* Der Schreiber des Hebräerbriefs sagt in Kapitel 3,19 (dieser ganze Abschnitt handelt davon, dass Israel nicht in das verheißene Land einziehen konnte): *»Und wir sehen, dass sie nicht hineinkommen konnten wegen ihres Unglaubens.«*

Die Heilung des Gelähmten und sein hartnäckiger Unglaube stehen als Bild für Israel. Jesus kam und lebte unter ihnen. Doch sie erkannten ihn nicht. Er heilte sie, aber trotzdem wollten sie (als Nation) nicht glauben. Das ist das Thema des Johannesevangeliums, Kapitel 1,11–12: *»Er kam in sein Eigentum, aber die Seinen nahmen ihn nicht auf. Allen aber, die ihn aufnahmen, gab er Macht, Kinder Gottes zu werden, allen, die* (was?) *an seinen Namen glauben.«*

Jesus sagt zu Israel: »Hört auf zu sündigen. Hört auf, ungläubig zu sein! Hört auf, die Gunst und den Segen Gottes aus eigener Kraft erlangen zu wollen! Wenn ihr nicht aufhört, wird etwas Schlimmeres über euch kommen.« Mit »etwas Schlimmeres«

meinte er die ewige Trennung von Gott, in der Hölle. Das Wunder an dem kraftlosen Gelähmten steht also bildlich für Israel. Jedoch sagt Paulus, dass Israel uns als Beispiel dient. Mit anderen Worten: Dies ist nicht nur ein Bild des ungläubigen Israels. Es steht auch für uns, wann immer wir meinen, die eigene Stärke einsetzen zu müssen, um Gottes Gunst und Segen zu erlangen.

Hier gibt es zwei Lektionen, die ich dir aufzeigen möchte. Nummer eins: Die Schafe, die an den Kranken und Gebrechlichen vorbeigeführt wurden, waren eine ständige Erinnerung an ihre Schwächen und ihr Versagen vor Gott. Freund, es nützt dir nichts, wenn deine Schafe (deine Sünden und die Notwendigkeit der Vergebung) jeden Sonntag an dir vorbeigeführt werden. Das ist der Grund, warum es in meiner Gemeinde kein Sündenbekenntnis als Teil des Gottesdienstes gibt. Unser Bekenntnis vor Gott dreht sich nicht um das, was wir an uns selbst im Fleisch sehen, sondern darum, was Gott über uns im Geist sagt. Etwas zu bekennen bedeutet, dass man seine Worte mit der Realität in Übereinstimmung bringt. Was Gott über dich sagt, ist realer als die fleischliche Realität. Gott sagt, dass diejenigen, die in Christus sind (mit anderen Worten, diejenigen, die einfach nur *glauben*), vor Gott gerecht und für immer vollendet sind. Du stehst gerecht und für immer vollendet vor ihm. Etwas anderes als das zu bekennen, bedeutet, nicht mit Gott übereinzustimmen. Wenn du als Gläubiger bekennst, dass du ein Sünder bist, stehst du im Widerspruch zu Gott. Du gibst ein falsches Bekenntnis ab.

Hör auf, deine Schafe vor dir aufmarschieren zu lassen. Wenn du nachts zu kaputt bist, um einzuschlafen, fang nicht an, Schäfchen zu zählen! Lass nicht zu, dass deine Gedanken zu deinen Fehlern wandern. Der Schlüssel zu einem besseren Leben liegt nicht darin, dir ständig deine Fehler zu vergegenwärtigen. Das stärkt auch nicht deinen Glauben; vielmehr vergrößert es den

Zweifel. Der Zweifel nimmt zu, weil du dein Augenmerk ganz auf dich richtest und auf deine Ohnmacht, Veränderungen zu bewirken, anstatt auf Jesus und die Veränderung, die er in deinem Geist bereits bewirkt hat.

Du kannst nicht in das verheißene Land eintreten, das aus Gottes Versorgung und Gnade besteht, wenn du ständig darauf fixiert bist, wie wenig du es verdienst. Die Bibel sagt, dass Jesus dich für die Segnungen qualifiziert hat.

Nummer zwei: Wir müssen aufhören zu denken, dass unsere Bemühungen um ein heiliges Leben eine Zunahme von Gottes Gunst auf uns bewirken werden. Wir treiben alle möglichen Gedankenspiele mit uns selbst und mit Gott, oft sogar ohne es uns einzugestehen. »Ich muss mich einfach noch mehr einbringen oder vielleicht meinen Andachten mehr Zeit widmen; das wird mich in eine bessere Position bringen, damit Gott mich hören und meine Gebete beantworten kann.« Nein. **Wenn du gesegnet sein möchtest und dich dabei auf etwas anderes verlässt als auf Gottes Liebe zu dir, versuchst du, Gottes Gnade und Gunst zu erlangen, indem du eigene Werke hinzufügst.** Wir müssen den Gedanken aufgeben, dass wir durch eigene Kraft und Leistung in den Teich der Gnade gelangen können.

Ich habe neulich mit einem Mann gesprochen, der mir von seinem Gebet erzählte, das er an Gott gerichtet hatte. Der Mann erhoffte sich von Gott dringend ein Wunder, also betete er: »Gott, wenn du das für mich tust, dann werde ich dies tun. Und auch das. Und dazu noch jenes. Du wirst sehen, was für ein Segen ich sein werde, wenn dieses Gebet erhört wird.« Ich sagte: »Bruder, hör auf. Gott braucht keine andere Motivation als nur seine Liebe zu dir. Vertrau seiner Liebe. Versuche nicht, etwas hinzuzufügen, um seine Gnade zu erhalten.«

Ich mag die Art und Weise, wie ein Freund von mir mit Menschen umgeht, die nach seinen Gottesdiensten mit ihrem Heilungsanliegen zu ihm kommen. Die Leute stehen dann vor ihm und beten und sagen zu Gott Dinge wie: »Gott, ich liebe dich. Gott, komm zu mir. Gott, heile mich.« Mein Freund sagt dann immer: »Nein, sei einfach still. Es geht nur um ihn. Bleib ganz still und empfange seine Liebe. Er liebt dich so, wie du bist. Nimm einfach an. Sag nichts. Tue nichts. Entspanne dich und lass Jesus sich einfach über dich ausgießen.« Weißt du, Jesus geht es nicht darum, in dir ein Werk zu vollbringen, das auf dem Fleisch gründet. Gott ist übernatürlich. Auch seine Kraft, die er in dir freigesetzt hat, ist übernatürlich. Also entspanne dich einfach und lass Gott sein übernatürliches Werk tun. Überleg mal – als ein Sohn Gottes, als eine Tochter in seiner Familie, kannst du auf übernatürliche Ergebnisse vertrauen, weil Gott derjenige ist, der die ganze Arbeit macht, und nicht du. Mit anderen Worten, du kannst übernatürliche Ergebnisse voraussetzen; etwas, womit die meisten Gläubigen nicht einmal wirklich *rechnen*.

Was er für dich im Sinn hat, ist übernatürliches Leben in Fülle. Es geht nicht darum, dich immer mehr anzustrengen. Nein, lass deine Bemühungen. Setze nicht länger auf dich selbst. Du bist nicht wie der Gelähmte, der niemanden hatte, der ihm in den Teich der Gnade half. Du hast Jesus. Er ist deine Antwort. Und wenn du gläubig bist, dann bist du bereits in den Teich der Gnade eingetaucht. Die Antwort ist ganz einfach: Lass dich von ihm lieben. Für dich bleibt nichts weiter zu tun, als das Wasser seiner Liebe zu spüren, das Wasser seiner Gnade, das dich von allen Seiten umgibt.

Kapitel 7

DIE SPEISUNG DER FÜNFTAUSEND

Danach ging Jesus auf die andere Seite des galiläischen Meeres, das auch als See von Tiberias bekannt ist. Eine große Menschenmenge folgte ihm, weil sie seine Wunder sahen, mit denen er die Kranken heilte. Jesus stieg in die Berge hinauf und lagerte dort mit seinen Jüngern. Es war kurz vor dem jährlichen Passahfest, das die Juden feiern. Als Jesus seinen Blick hob, sah er eine große Menschenmenge auf der Suche nach ihm die Berge heraufkommen. Er wandte sich an Philippus und fragte: »Philippus, wo können wir so viel Brot kaufen, dass all diese Menschen zu essen bekommen?« Er stellte Philippus jedoch nur auf die Probe, denn er wusste schon, was er tun würde. Philippus antwortete: »Es würde ein kleines Vermögen kosten, sie mit Nahrung zu versorgen!«

Ein anderer Jünger, Andreas, der Bruder von Simon Petrus, meldete sich zu Wort: »Hier ist ein kleiner Junge mit fünf Gerstenbroten und zwei Fischen. Doch was nützt uns das bei so vielen Menschen?« »Sagt den Leuten, sie sollen sich hinsetzen«, befahl Jesus. Da ließen sich alle – allein die Männer zählten schon fünftausend – auf den grasbewachsenen Hängen nieder. Dann nahm Jesus die Brote, dankte Gott und reichte sie den Menschen, wie viel sie auch wollten. Ebenso machte er es mit den Fischen. Und alle aßen, bis sie satt waren. »Sammelt die Reste wieder ein«, wies Jesus seine Jünger an, »damit nichts umkommt.« Am Anfang waren es nur fünf Gerstenbrote gewesen, doch nach dem Essen wur-

den zwölf Körbe mit den Brotresten gefüllt, die übrig geblieben waren! Als die Leute dieses Wunder sahen, riefen sie aus: »Dieser ist wirklich der Prophet, den wir erwartet haben. Er ist es, der in die Welt kommen soll.« — Johannes 6,1–14 NLB

Dies ist das einzige Wunder, von dem in allen vier Evangelien berichtet wird. Die Evangelien sind die Bücher der Bibel, in denen das Leben Jesu geschildert wird. Jedes von ihnen hat einen anderen Schwerpunkt, daher beleuchten sie unterschiedliche Wunder. Die Speisung der Volksmenge kommt als einziges Wunder Jesu in allen vier Evangelien vor – das sollte dir etwas sagen. Wenn deine Mutter dich früher mit Nachdruck zu einem bestimmten Verhalten bringen wollte, sagte sie vermutlich etwas in der Art wie: »Hör mal gut zu, meine Liebe/mein Lieber, ich werde das nur einmal sagen!« Jesus ist viel gnädiger und geduldiger als unsere irdischen Eltern. Er sagt: »Ich werde das nur viermal sagen, mein Kind!«

Diese mehrfache Erwähnung sollte dir etwas über die Bedeutung dieses Wunders mitteilen. Es ist nicht bloß ein Wunder. Jesus selbst macht das sehr deutlich, denn ein paar Verse später in diesem Kapitel, als die Menschen, die auf übernatürliche Weise gespeist worden waren, Jesus wieder aufsuchen, sagt er zu ihnen: *»Ich sage euch: Ihr wollt bei mir sein, weil ich euch satt gemacht habe, und nicht weil ihr das Wunder gesehen habt«* (Joh 6,26 NLB). Sie alle wussten, dass sie auf wundersame Weise gespeist worden waren. Sie sahen das Wunder. Aber sie sahen nicht das Zeichen. Sie verstanden nicht, dass das, was sich vor ihren Augen abspielte, ein Bild, ein Gleichnis, war.

Welches Bild, welches Zeichen, sollen wir hier erkennen? Gehen wir nochmal zurück zu Vers 3–4: *»Jesus stieg in die Berge hinauf und lagerte dort mit seinen Jüngern. Es war kurz vor dem jähr-*

lichen Passahfest, das die Juden feiern.« Das gibt uns den Kontext. Es war die Zeit des Passahfestes. An welches Ereignis wird mit diesem Fest erinnert? An die Befreiung der Israeliten: Gott hatte jede jüdische Familie angewiesen, ein Lamm zu opfern und dessen Blut an die Türpfosten zu streichen, um dem Todesurteil zu entgehen, das an den Ägyptern vollstreckt würde. An jedem Haus, dessen Türpfosten mit Blut bestrichen waren, ging der Engel des Herrn vorüber; er »passierte« es. So wurden die Juden aus der Sklaverei in Ägypten befreit.

Dieses Wunder – die Speisung der Fünftausend – fällt also in die Zeit des Passahfestes. Es ist ein weiteres Bild für das, was Jesus tun würde. Er sollte das Passahlamm sein. Er sollte seinen Leib opfern und sein Blut vergießen, damit diejenigen, die ihn aufnähmen, vom Gericht Gottes verschont blieben. Der Leib Jesu würde für uns am Kreuz dahingegeben werden. Er würde unsere Schuld, unsere Schande, unser Urteil, unsere Gebrochenheit, unsere Sünde, unsere Krankheit, unsere Armut, unseren Mangel auf sich nehmen. Aber er nahm nicht nur unseren kaputten Zustand und unsere Bedürftigkeit auf sich; er tauschte auch unsere Gebrochenheit gegen seine Unversehrtheit ein. Er nimmt deinen kaputten Körper und gibt dir seinen heilen Körper. Er nimmt deine Sünde und gibt dir seine Gerechtigkeit. Er nimmt deinen Zweifel und gibt dir seinen Glauben. Er nimmt deine Not und gibt dir seine Versorgung. In ihm bist du vervollständigt; es fehlt dir an nichts.

Das ist das Bild, das in diesem Wunder für uns entworfen wird. Das Wunder der Speisung der Fünftausend ist nicht bloß ein Wunder. Es ist ein Zeichen dafür, dass der Leib Jesu gebrochen und den Menschen gegeben wurde. Als Jesus die Bedeutung dieses Wunders erklärt, sagt er: *»Das Brot, das Gott gibt, ist der, der vom Himmel herabkommt und der Welt das Leben gibt«* (Vers 33). Sie haben immer noch Schwierigkeiten, das zu verstehen. Also wird er deutlicher: *»Ich bin das Brot, das vom Himmel herabgekommen ist«* (Vers 41). Er sagt es noch einmal: *»Ja, ich bin das Brot des Lebens!«* Und bekräftigt es schließlich ein weiteres Mal: *»Ich bin das lebendige Brot, das vom Himmel herabgekommen ist«* (Vers 51).

Er sagt im Grunde: »Dieses Wunder ist ein Bild, aber ich bin dessen Wirklichkeit.« Was hier noch Bild war, sollte sich bald in der Realität ereignen. Was sagt Jesus an seinem letzten gemeinsamen Abend mit den Jüngern? *»Ich habe mich sehr danach gesehnt, dieses Passahmahl mit euch zu feiern«* (Lk 22,15 NLB). Was sagt er beim Passahmahl? »Das ist mein Leib, der für euch hingegeben wird. Jetzt dürft ihr ihn essen. Es ist die Zeit des neuen Bundes. Wie sehr habe ich mich nach diesem Tag gesehnt.« Und warum? »Damit ihr euch wahrhaftig von mir ernähren könnt, damit ihr die Wohltaten empfangen könnt, die dieses Festmahl mit sich bringt.« Er will, dass du seinen Leib in richtiger Weise erkennst und das genießt, womit er dich versorgt.

Das Brot in dem Wunder der Speisung der Fünftausend versinnbildlicht Jesus. Natürlich tut es das – denk nach: Wie viele Brote sind es? Es sind fünf. Fünf ist die Zahl, die für »Gnade« steht. Dies ist somit ein Lehrstück darüber, wie man den neuen Bund der Gnade in Jesus und sein vollbrachtes Werk empfängt. (Und er sehnt sich so sehr danach, dieses Mahl mit dir zu teilen!)

Man beachte, dass die Menschen nicht nur mit dem Brot des Lebens gespeist werden – es gibt noch etwas anderes dazu. Es sind fünf Brote und zwei Fische verfügbar, wie wir von Petrus wissen, der zu Jesus in Vers 9 sagt: *»Hier ist ein kleiner Junge mit fünf Gerstenbroten und zwei Fischen.«* Sieh dir in Vers 11 an, wie es ausgeteilt wird: *Dann nahm Jesus die Brote, dankte Gott und reichte sie den Menschen, wie viel sie auch wollten. Ebenso machte er es mit den Fischen.* Es wird also nicht nur das Brot ausgeteilt, sondern auch der Fisch. Beides wird in dieser Reihenfolge weitergegeben: Erst bekommt Jesus es, dann die Jünger, danach die Volksmenge.

Die Schriften des Neuen Testaments wurden in griechischer Sprache verfasst. Das typische griechische Wort für Fisch ist *ichthys*. Der Fisch wurde schon früh zum Symbol für die Kirche. Jesus benutzte in Gleichnissen oft das Wort »Fische« (griechisch *ichthys*) und es hat in seinen Lehren stets dieselbe Bedeutung: Fische stehen für Menschen. »Petrus, wirf dein Netz auf der rechten Seite des Bootes aus« (nicht auf der linken, wohlgemerkt, sondern auf der rechten Seite). Die rechte Seite ist die Seite, die für Erlösung steht (Schafe und Ziegen – Schafe zur Rechten, Ziegen zur Linken). »Werft euer Netz auf der rechten Seite des Bootes aus, dann werdet ihr etwas fangen!« – und genau das bekommen sie: einen riesigen Fang. Das war ein Gleichnis für den Dienst von Petrus. »Petrus, ich werde dich zu einem Menschenfischer machen.« In den letzten Tagen werden jede Menge Fische eingeholt werden, und die Engel trennen die Fischarten voneinander. Nochmal: Fische stehen immer für Menschen; und das Wort ist immer *ichthys*.

In diesem Wunder sind es zwei kleine Fische, die gesegnet und verteilt werden. Aber hier steht nicht das Wort *ichthys* – hier steht das Wort *opsarion*. Es wird in der gesamten Bibel nur an einer anderen Stelle verwendet: In Johannes 21, wo Jesus Petrus auffordert, seine Schafe zu weiden. Das ist die Geschichte von Jesus am Seeufer, nach der Auferstehung. »Petrus, weide meine Schafe.« Jesus bereitet das Frühstück für die Jünger zu. Was essen sie? Brot und Fisch – die gleiche Mahlzeit. »Speise meine Schafe, Petrus, wie ich dich speise.« Speisen womit? Brot und Fisch.

Man könnte jetzt denken, *opsarion* ist einfach ein anderes Wort für Fisch, aber es bedeutet wörtlich »das, was zum Brot gehört«. Es steht für eine Art Würztunke, die dem Brot Geschmack verlieh. Es musste also nicht unbedingt Fisch sein, sondern hätte sich auf eine

Menge anderer Dinge beziehen können. Aus dem Kontext wissen wir, dass es in diesem Fall Fisch war; und etwas anderes behaupte ich auch nicht. Ich möchte dir einfach nur helfen, das »Zeichen« dieses Wunders zu verstehen. Der Kontext zeigt, dass *opsarion* zwei kleine Fische sind, die dem Brot Geschmack verliehen. Fische stehen für Menschen. Jesus segnete das Brot und er segnete die Fische und gab beides den Jüngern, damit sie es an die Menschen austeilten. Und alle aßen Brot und Fisch, bis sie satt waren.

Das Brot steht für Jesus und den neuen Bund der Gnade. Aber das Brot, die gute Nachricht, wird den Menschen immer durch menschliche »Geschmacksträger« zugeführt. Du wirst in diesem Moment mit dem Brot des Lebens gespeist, und der menschliche Geschmacksträger ist Greg Riether. Mein Verständnis des Evangeliums würzt das, was du empfängst. Und so muss es auch sein – das Brot wird immer mit Fisch serviert.

Aber was sollen die Jünger auf Jesu Anweisung hin nach dem Mahl tun? Sie sollen die Brotbrocken aufsammeln, die nicht gegessen wurden. Die Fischreste sollen sie nicht mit aufsammeln. Bewahre und erhalte das Evangelium der Gnade; das ist die Aufgabe der Kirche. Unterscheide zwischen dem Brot und dem Fisch und bewahre das Brot auf. Warum das Brot aufbewahren? Um später wieder zu servieren, was nicht gegessen wurde.

Lass mich das für dich ins Praktische übertragen. Erstens: Jeder, der Hunger nach Jesus hat, darf von ihm essen. Die Menschen kommen in dieser riesigen Ansammlung zu Jesus und es werden keine Fragen bezüglich ihrer Würdigkeit gestellt, sondern sie werden einfach bedient. Sie kommen so, wie sie sind. Sie werden nicht aufgefordert, sich zu reinigen; sie werden nicht gebeten, ihre Hände zu waschen und sich bereit zu machen. Sie müssen nicht vorher mit dem Sündigen aufhören oder ihr Leben überprüfen. Um das Brot des Lebens zu essen, mussten sie nur eine

Voraussetzung erfüllen: Sie mussten hungrig sein. Und was ihren Hunger betraf, konnten sie von dem ausgeteilten Brot so viel oder so wenig essen, wie sie wollten. Du kannst vom neuen Bund so viel essen und empfangen, wie willst. Du kannst so viel empfangen und glauben, wie du möchtest. Genau das ist die eigentliche Botschaft des Wunders der Speisung der Fünftausend: *Egal, wie viel du empfängst, es wird immer sehr viel mehr übrig bleiben, als du essen konntest.*

Als mir endlich die Augen für die Kraft des neuen Bundes geöffnet wurden, begann ich, das vollbrachte Werk Jesu in Bezug auf meine Gerechtigkeit zu empfangen. Ich nahm es an, und damit begann der Prozess, es zu einem Teil meiner Identität zu machen. Je besser ich es verstand, desto mehr glaubte ich es. Je besser du verstehst, dass Jesus sich um dein gesamtes Sündenproblem gekümmert hat, sodass es nicht mehr zwischen dir und Gott steht, desto mehr Sinn ergibt es für dich. Deine Beziehung zu Gott beginnt dann, sich zu verändern. Wenn du Mist baust, läufst du vor Gott nicht mehr weg. Damit will ich sagen: Du kannst es so richtig vermasseln und weißt trotzdem, dass du in dem Moment exakt genauso gerecht bist wie vor dreißig Minuten, bevor du es vermasselt hast. Das ist das Geschenk der Gerechtigkeit und zugleich die erste Sache, die ich so richtig zu verstehen begann.

Was ich dabei allerdings nicht sofort erfassen konnte, war Gottes Liebe. Ich hätte dir zugestimmt, wenn du gesagt hättest: »Pastor Greg, Gott liebt dich«, keine Frage. Ja, ja und nochmal ja, Gott liebt jeden. Aber – er wird mich trotzdem in die Hölle schicken, wenn der Mist, den ich gebaut habe, nur schlimm genug ist. Ich meine, ich hatte mir antrainiert, »Gott liebt mich« zu sagen. Ich hatte dabei nur nie verstanden, wie groß Gottes Liebe ist – so groß, dass er versprochen hat, nie wieder böse auf mich zu sein. Das steht in Jesaja 54,9: »*... so habe ich geschworen, dass ich nie mehr über* *dich zornig werden noch dich schelten werde.«* Gott hat geschworen, dass er unter dem neuen Bund Jesu niemals zornig über dich sein und dir noch nicht einmal Vorwürfe machen wird. Ich bin mir ziemlich sicher, dass mir irgendwann einmal jemand diese Wahrheit übermittelt hat, aber ich konnte dieses gereichte Stück Brot (die Liebe Gottes) nicht zu mir nehmen. Als es mir gepredigt wurde, schien es zu schön, um wahr zu sein, und ich konnte es einfach nicht essen. Am Ende der Predigt war es ein Brocken des Evangeliums, ein kleines Stück Jesus, das nicht gegessen worden war und aufgesammelt werden musste.

Jesus befahl den Jüngern, die Brotstücke, die ungegessen blieben, aufzusammeln. Warum? Damit nichts verloren ginge. Die Gemeinde soll den Brocken nehmen, diesen verworfenen Teil des Evangeliums, und die Menschen damit speisen, sobald sie wieder hungrig sind.

Zu einem späteren Zeitpunkt, als ich meine Gerechtigkeit zu verstehen begann, sagte ein Christus-Nachfolger zu mir: »Greg, du bist so überaus geliebt. Ich meine, du bist *geliebt*, Mann. Gott wird nie wieder zornig auf dich sein oder dich zurechtweisen.« Und als es mir dieses Mal gesagt wurde, knabberte ich tatsächlich ein wenig davon. »Du meinst, Gott liebt mich wirklich? Sogar nachdem ich all diese dummen, verletzenden Dinge getan habe? Moment mal – er hat mir für immer vergeben; all meine Sünden, vergangene, gegenwärtige und zukünftige, sind beglichen und getilgt. Ich besitze seine Gerechtigkeit. Wenn ich seine Gerechtigkeit habe und er mir keine meiner Sünden zurechnet, dann leuchtet mir ein, dass er nicht wütend auf mich wird, wenn ich etwas Dummes tue. Vielleicht ist er tatsächlich nicht böse auf mich. Er ist wirklich nicht böse auf mich! Hier, halt mal den Rest des Brotes für mich, während ich hierauf kaue.«

Die Kirche sammelt die Reste ein, die ich noch nicht essen kann. Warum? Um sie später an mich zu verfüttern; damit nichts verloren geht, bis ich irgendwann noch mehr davon essen kann. Irgendwann sagte jemand anderes zu mir: »Greg Riether, weißt du, wie sehr Papa Gott dich liebt?« »Er liebt mich? Du hast ihn ›Papa Gott‹ genannt und nicht Vater. Ich nenne ihn immer Vater. Ich kann ihn nicht Papa oder Daddy nennen. Ich kann das nicht tun, ich kann es einfach nicht. Es ist respektlos. Aber ich glaube, ich fange an zu begreifen, dass er mich liebt.« Und ich erinnere mich, wie ich in meinem Wohnzimmer saß und über meine Gerechtigkeit nachdachte: Die Bibel sagt im Hebräerbrief, dass ich auf dem neuen und lebendigen Weg direkt in die Gegenwart Gottes gehen kann und der Vater mich willkommen heißt. »Er muss mich wirklich lieben. Er liebt mich. Er hat mich lieb. Ich mag den Geschmack dieses Brotes. Danke, Jesus. Aber ich kann ihn nicht Daddy nennen und ich kann ihn nicht Papa nennen. Das gehört sich einfach nicht. Würdest du das Stück Brot für mich halten? Das kann ich nicht essen.«

Und die Kirche sammelt auch diese Reste ein, die ich noch nicht essen kann. Warum? Um sie mir später wieder zu servieren, damit nichts verloren geht, damit ich eine Chance bekomme, die Fülle Jesu und sein für mich vollbrachtes Werk zu erleben. Und dieses Mal bin ich mit dem Auto unterwegs und höre nebenher eine Lehr-CD. »Greg, weißt du, wie sehr Papa Gott dich liebt? O ja, er wünscht sich von Herzen, dass du einfach zu begreifen beginnst, wie tief, wie weit, wie lang und wie hoch Gottes Liebe zu dir ist, die sich in Jesus Christus gezeigt hat. Er möchte, dass du diese Liebe *erkennst* – du sollst sie als die Liebe eines Papas zu seinen Kindern kennenlernen.«

»Moment mal, ich bin doch selbst Papa. Ich weiß, wie sich diese Art von Liebe anfühlt. Ich liebe meine Kinder. Ich liebe sie. Ich liebe es, sie zu umarmen und ihnen meine Liebe zu zeigen. Ich will, dass sie wissen, wie sehr ich sie liebe. Und … ich … bin Gottes Sohn. Er gab mir den Geist, mit dem ich ›Abba – Daddy, Papa‹ ausrufen kann. Du willst, dass ich dich Papa nenne. Du willst, dass ich weiß, wie geliebt ich bin. Du bist kein distanzierter Vater. Du bist ein liebender Papa, und du willst dich um mich kümmern, wie es ein Papa für seine Kinder tut. Okay, das gefällt mir. Ich kann dich Papa nennen. Aber … ich glaube nicht, dass du wirklich für mich sorgen willst, also finanziell. Und diese ganze Geschichte mit Wohlstand für mich, das lehne ich ab. Hier, Kirche, diese Lehre vom Wohlstand kannst du wieder an dich nehmen. Gott will mich arm und bescheiden.« Und so geht es immer weiter. Je mehr du isst, desto mehr bekommst und begreifst du.

He Bruder, he Schwester, siehst du, dass es genau so funktioniert? Das ist mein Zeugnis. Und es ist auch deins. Du isst von Jesus und seinem vollbrachten Werk so viel, wie du willst. Den Rest gibst du zurück. Aber dieser Rest ist nicht verloren. Gott ist noch nicht fertig. Auf dich warten noch mehr Mahlzeiten. Es gibt mehr als das, was du von Jesus bisher empfangen konntest. Völlig egal, wie viel du schon gegessen hast – selbst wenn du ein »Jesus-Nimmersatt« bist (was ich hoffe) –, es gibt immer noch mehr.

Manche essen nur ein kleines Bröckchen. Einige merken gerade erst, wie gut ihr Bissen vom Brot der Gerechtigkeit schmeckt. Das ist in Ordnung. Kau darauf. Kaue es gut, iss weiter. Iss davon, bis du völlig überzeugt bist. Aber es gibt noch mehr. Da ist seine Liebe. Da sind seine Versorgung, sein Wohlergehen, seine Gesundheit, sein Friede, seine Weisheit, seine Gunst über dir, seine Herrlichkeit auf dir, seine Freude, seine Zuversicht, sein Glaube, sein Leben voller Wunder, seine Befreiung, seine Auferstehungskraft in deinem Dienst. Sein …, sein …, sein … – alles wird dir gereicht. Und du kannst einfach essen, so viel du willst und kannst. Iss! Isst du bereits?

Kapitel 8

AUF DEM WASSER GEHEN

Da nun Jesus erkannte, dass sie kommen würden, um ihn mit Gewalt zum König zu machen, zog er sich wiederum auf den Berg zurück, er allein. Als es aber Abend geworden war, gingen seine Jünger hinab an den See, und sie stiegen in das Schiff und fuhren über den See nach Kapernaum. Und es war schon finster geworden, und Jesus war nicht zu ihnen gekommen. Und der See ging hoch, da ein starker Wind wehte. Als sie nun ungefähr 25 oder 30 Stadien gerudert hatten, sahen sie Jesus auf dem See gehen und sich dem Schiff nähern; und sie fürchteten sich. Er aber sprach zu ihnen: Ich bin's, fürchtet euch nicht! Da wollten sie ihn in das Schiff nehmen, und sogleich war das Schiff am Land, wohin sie fahren wollten. — Johannes 6,15–21

Wir alle kennen das Wunder, bei dem Jesus auf dem Wasser geht, aber worin besteht das Zeichen? Dieses Wunder kommt in drei der vier Evangeliums-Berichte über Jesu Leben vor. Und in jedem dieser drei Evangelien folgt es unmittelbar auf die Speisung der Fünftausend, nach der die Jünger mit dem Boot ablegen. Das ist ein wichtiges Detail. Das Werk des Reiches Gottes war getan, danach fuhren sie los. Sinn und Zweck des Werkes und des Dienstes Jesu war es, das Leben von Menschen zu beeinflussen. Jesus kam nicht, um ein Leben als Einsiedler zu führen, der sich in einem Kloster verkriecht. Und er lehrte seine Jünger, dass sie wie Lichter in einem Raum seien, die die Dunkelheit vertreiben;

dass sie wie Städte seien, die auf einem Hügel liegen, damit die Menschen sie sehen können; dass sie das Salz seien, das Einfluss auf die Gesellschaft nimmt. Solch ein Salz oder eine Stadt oder ein Licht zu sein, hat jedoch nichts mit Schwerarbeit zu tun. Für ein Licht ist es überhaupt nicht schwer, Licht zu sein; es muss einfach nur sein, was es ist. Und indem es ist, was es ist, drängt es die Dunkelheit von Natur aus zurück. Für das Salz ist Salzsein kein bisschen schwer. Salz ist einfach voller Salzigkeit. Und wo immer es ist, entfaltet es seine Wirkung aufgrund seiner Beschaffenheit; so wie Jesus den Menschen mit Liebe und Gnade gedient hat, dürfen auch wir das tun.

Der Missionsbefehl Jesu an sein Volk lautet: »Geht und macht die Menschen zu Jüngern.« Wie stellst du das an? Sei einfach die Person, die du bist: ein Mensch, der weiß, dass der Vater im Himmel ihm voll und ganz vergeben hat und ihn von ganzem Herzen liebt. Je mehr du hiervon überzeugt bist, desto heller scheint dein Licht und desto stärker ist deine Salzigkeit. Christen, die von ihrer völligen Schuldfreiheit und ihrem absoluten Geliebtsein nicht überzeugt sind, sind wie Salz, das nicht mehr salzig ist. Mit anderen Worten, sie sind genau wie alle anderen – sie verurteilen und werden verurteilt.

Mein Punkt ist, dass der Dienst Jesu und unser Dienst darin besteht, in dieser Welt und unter den Menschen dieser Welt zu leben und sie zu beeinflussen, indem wir einfach so sind, wie wir sind. In diesem Wunder von Jesus, der auf dem Wasser geht, möchte ich dir zeigen, dass das Land (wo die Menschen sind) den Ort des Dienstes darstellt. Der Ort, an dem das Brot des Lebens ausgeteilt wird, ist der Ort, an dem Menschen gespeist, befreit und geheilt werden. Das Wasser (und der Weg auf die andere Seite des Sees) ist die Route, die zum nächsten Ort des Dienstes führt. Mit anderen Worten: Auf dem Wasser (in diesem Fall der See Genezareth) geht es zum Dienst; hier tust du das Nötige, um dich in die geeignete Position für den Dienst zu bringen. Das Land ist der Ort des Dienstes. Die Bootsfahrt über das Wasser ist die Route, die man nimmt, um an den Ort des Dienstes zu gelangen. Behalte das fürs Erste im Hinterkopf.

Ich glaube, dass die Botschaft dieses Wunders von Jesus, der auf dem Wasser geht, allen Gläubigen zu jeder Zeit gilt. Tu dir keinen Zwang an, wenn du das erst einmal nicht bewerten möchtest, aber ich bin überzeugt, vom Heiligen Geist gezeigt bekommen zu haben, dass dieses Wunder in ganz besonderer Weise unserer Generation gilt. Und ich denke, du wirst mir zustimmen, wenn du erst einmal das ganze Bild siehst.

Als Kontext haben wir das Wunder mit den Broten und Fischen, das Jesus gerade vollbracht hat; es steht für den zentralen Aspekt eines jeden Dienstes – den Menschen Jesus als nahrhafte Speise anzubieten. Danach befiehlt er seinen Jüngern, auf die andere Seite des Sees überzusetzen. Ich glaube, dass dies Jesu Aufforderung an alle Gläubigen darstellt: »Geht und macht die Menschen zu Jüngern.« Die Jünger steigen in das Boot und fahren hinaus auf den See. Es sind also zwei wesentliche Elemente dargestellt: zum einen die Arbeit mit Jesus (während er seinen Dienst auf der Erde tat) und zum anderen die Aussendung der Jünger. Nachdem sie aufs Wasser hinausgefahren und schon eine Weile gerudert sind, folgt ein merkwürdiger kleiner Satz, der dich aufhorchen lassen sollte.

Jedes Mal, wenn du einen merkwürdigen kleinen Satz in einem der Evangelien liest, sollte dich das in Spannung versetzen, weil er vermutlich etwas Wunderbares ans Licht bringt. Viele Leute lesen diese sonderbaren kleinen Sätze in der Bibel und sagen einfach: »Was für ein komischer Satz«, und lesen dann weiter. Gewöhne dir an, stattdessen zu sagen: »Das ist ein merkwürdiger kleiner Satz; ich kann es kaum erwarten, seine Bedeutung herauszufinden!«

Lies noch einmal die Verse 16 und 17: *»Als es aber Abend geworden war, gingen seine Jünger hinab an den See, und sie stiegen in das Schiff und fuhren über den See nach Kapernaum.* ***Und es war schon finster geworden, und Jesus war nicht zu ihnen gekommen.*** *Und der See ging hoch, da ein starker Wind wehte.«* Jetzt stell dir vor, wie die Jünger ins Boot stiegen und sich auf die rund fünf Kilometer lange Bootsfahrt nach Kapernaum machten. Und dann kommt dieser Satz: *»Und es war schon finster geworden, und Jesus war nicht zu ihnen gekommen.«* Hier gibt es zwei Dinge zu beachten – Nummer eins: »Und es war schon finster geworden« und Nummer zwei: »Jesus war nicht zu ihnen gekommen«. Als ich das las, spürte ich, wie der Geist zu mir sagte: »Greg, das ist ein *Jetzt*-Wort.« Ich sage nicht, dass dies im Laufe der Jahrhunderte nicht auch anders hätte gedeutet werden können. Aber ich glaube, dass diese beiden Worte sich vor allem an dich und mich – unsere Generation – richten.

Das erste Wort lautet: *»Und es war schon finster geworden.«* Hier zeigt sich ein Überraschungselement. Es ist Abend, man weiß also, dass es dunkel *werden wird*. Aber wie du siehst, *ist* es schon dunkel. Es wird schneller dunkel, als man es erwarten würde. Nun ist es eine Tatsache, dass im Johannesevangelium die Thematik von Dunkelheit und Licht eine wichtige Rolle spielt. Johannes spricht von Jesus als dem Licht, das voll von Gnade und Wahrheit in die Welt gekommen ist. Licht steht für Gnade. Gnade ist unverdiente Gunst. Jesus bringt unverdiente Gunst. Mit anderen Worten, er verurteilt nicht. Er vergibt. Jesus kam als Gnade, als Licht, in die Dunkelheit. Dunkelheit steht für Gericht. Gottes auserwähltes Volk, die Juden, waren in einem System des Gerichts gefangen, das auf dem Gesetz basierte. Das ist ein leistungsbasiertes System der Heiligkeit, bei dem man versucht, Gott durch eigene Bemühungen um ein heiliges Leben zu gefallen. Jesu System der Gnade ersetzte dieses System der Dunkelheit.

Die Frau, die beim Ehebruch ertappt wurde, brachte man vor Jesus und eine jüdische Volksmenge. Die jüdischen Gesetzeslehrer und Pharisäer, die unter dem Gerichtssystem gemäß religiösem Gesetz stehen, wollen sie zu Tode steinigen. Jesus rettet sie und spricht Worte der Gnade zu ihr: »Auch ich verurteile dich nicht.« Und dann sagt Jesus gleich im nächsten Vers, dass seine Nachfolger dieselbe Gnade weitergeben würden, die er gerade dieser Frau erwiesen hat. Sie würden den Menschen in diesem Licht dienen und nicht auf die Weise der Pharisäer (die im Gerichtssystem, dem System der Finsternis bestand). Hör selbst, was Jesus hier in Johannes 8,12 sagt: »Ich bin das Licht *der Welt* (Licht ist Gnade). *Wer mir nachfolgt* (also seine Jünger, seine Diener), *braucht nicht im Dunkeln* (unter dem Gericht) *umherzuirren, denn er wird das Licht haben, das zum Leben führt.*« Das Licht des Lebens ist die Gnade, die Leben bringt.

Das ist wichtig, denn dieses Thema zieht sich durch das ganze Evangelium. Licht ist Gnade. Dunkelheit ist Gericht. Licht ist der neue Bund in Jesus; alle Sünden sind vergeben (vergangene, gegenwärtige und zukünftige) und du bist völlig schuldbefreit und absolut geliebt. Dunkelheit bedeutet: »Du musst dich anstrengen, um Gott zu gefallen; Gott ist jedes Mal zornig, wenn du sündigst – du musst deine Sünden bekennen, du musst dir deine Heiligkeit bewahren oder du wirst die Gemeinschaft mit Gott verlieren und verflucht werden.«

Als Jesus von den Toten aufersteht, sendet er die Jünger aus: »Geht und macht alle Völker zu Jüngern.« Geht, seid Salz; geht, seid Licht. So wie hier: Er schickt sie ins Boot, mit der Aufforderung, sich an den Ort ihres Dienstes zu begeben. Sie steigen in das Boot und schneller als erwartet bricht die Dunkelheit herein. Freunde, es dauerte nicht lange, bis die Kirche selbst von Dunkelheit befallen wurde. Schon sehr bald begann die Kirche, dem Evangelium der Gnade Regeln und Vorschriften beizumischen. Paulus kämpfte innerhalb der Kirche dagegen an.

Im Galaterbrief dreht sich alles um die Vorstellung, eigene Werke und Leistung hinzufügen zu müssen, um wirklich Vergebung zu erhalten. Paulus sagt, damit tausche man das Evangelium von Jesus gegen etwas anderes ein; es sei dann nicht einmal mehr das Evangelium. Man tausche das Licht gegen die Finsternis. Die Botschaft des Evangeliums kann nur diese sein: »Jesus hat die ganze Arbeit geleistet. Er hat sich um dein gesamtes Sündenproblem gekümmert, vom Zeitpunkt deiner Geburt bis zum Zeitpunkt deines Heimgangs – keine einzige Sünde wurde am Kreuz ausgelassen. Dir ist völlig vergeben und du bist vollkommen frei.«

Wenn du in eine Gemeinde gehst, die sagt: »Ja, du bist jetzt völlig frei, aber hier ist die Liste der Gebote und Verbote, die du einhalten musst, um diesen Zustand der Vergebung aufrechtzuerhalten«, solltest du dich umdrehen und weglaufen, denn das ist nicht das Evangelium. Aber leider ist das die Norm in vielen Gemeinden. Und tatsächlich, innerhalb nur einer Generation nach der Gründung der Gemeinde (nach Jesu Auferstehung), also ungefähr innerhalb der Zeit, in der das Neue Testament geschrieben wurde, tauchte die Gemeinde in die Dunkelheit ein und begann, die Forderungen des alten Bundes mit der Gnade des neuen Bundes zu vermischen. Und als Folge haben wir unsere Kraft verloren. Wir haben unsere Zuversicht Gott gegenüber eingebüßt. Du kannst keine angstfreie Beziehung zu Gott haben, wenn du denkst, er sei böse auf dich, wenn du etwas falsch machst.

Wenn du nicht weißt, dass du für immer vollkommen gemacht bist, wie es in Hebräer 10,14 heißt, wirst du niemals glauben, dass Gott dich tatsächlich lieben könnte. Das reine Evangelium befähigt dich dazu, Gottes Liebe zu empfangen. Alles andere verursacht nur Zweifel.

Ich weiß noch, wie ich vor einiger Zeit auf meinem Bett saß, nachdem ich gerade etwas wirklich Dummes getan hatte. Ich hatte mich jemandem gegenüber richtig garstig verhalten. In den Zeiten, als ich Gnade noch nicht verstanden habe, hätte ich mich wegen meiner Verfehlung garantiert vor Gott versteckt und gehofft, er würde sich nach einer Weile beruhigen. Danach hätte ich ihn angefleht, mir meinen Fehler zu verzeihen. Aber das Evangelium hat mich inzwischen gepackt und alles verändert. Ich saß also auf meinem Bett und sagte: »Vater, ich weiß, dass du mich liebst.« Das war's. Im Geist kuschelte ich mich einfach an Gott. Ich dachte nicht einmal daran, ihn um Vergebung anzuflehen. Es kam mir überhaupt nicht in den Sinn, ich könnte womöglich keine Gemeinschaft mehr mit ihm haben. Ich wusste, dass so etwas völlig ausgeschlossen wäre. In meinen Gedanken war ich bei ihm. Und ich sage dir, er hat mich mit seiner Liebe überschüttet. Sie überflutete mich geradezu.

Und das war noch nicht alles. Ich fing an, dieses alberne Bubble-Spiel auf meinem iPad zu spielen. Obwohl es Mittagszeit war und ich frei hatte, begann ich mich deswegen schuldig zu fühlen, weil ich nichts Produktives tat. Wenn jemals jemand Gott hat sprechen hören, dann ich, als ich da auf meinem Bett saß – denn als dieses Schuldgefühl in mir aufzusteigen begann, sagte er zu mir: »Fühle dich nicht schuldig, kein bisschen. Ich liebe es, wenn du dein Spiel spielst. Ich liebe es, dich spielen zu sehen.« Und seine Liebe strömte einfach in mich hinein. Ich konnte das Spiel nicht mehr weiterspielen, weil ich unter dem Eindruck seiner Liebe zu weinen begann; ich war einfach total überwältigt. Dieser Anflug von Schuld verschwand einfach. Und als ich wieder tränenfrei sehen konnte, spielte ich weiter; ich spürte, dass Gott richtig viel Freude an mir hatte. Ich erzählte anderen davon. Und weil ich anderen von meinem Erlebnis erzählte, konnte das Gehörte das Leben dieser Menschen verändern. Niemand musste mich hierzu anhalten. Ich *wollte* anderen davon erzählen. Sieh doch – ich bin Salz, das einfach nur salzig ist. Ich bin Licht, das einfach nur leuchtet. Daran ist nichts schwer.

Das bist auch du, wenn du verstanden hast, dass dir vollständig vergeben ist und du rundum geliebt bist. Eine einfache Rechnung – keine Additionen, Subtraktionen oder Multiplikationen. Es ist nicht schwer. Es ist total leicht. Das ist das Licht. Es ist so gut. Es ist einfach nur gut!

Aber schon früh verließ die Kirche das Licht und begann, in die Dunkelheit zu steuern. Und man muss es leider so sagen: Genau dort befinden wir uns auch heute noch – wir haben Kirchen, deren Hauptaugenmerk die Sünde ist. Kirchen, die von Menschen als Voraussetzung für Vergebung das Bekennen ihrer Sünden fordert und zeremonienhaft Zeiten der Selbstverleugnung und Selbstprüfung feiert. Freunde, ich bin all dem entronnen. Das ist nichts Gutes. Es ist ein Fass ohne Boden. Es hilft dir nicht. Schau nicht auf dich selbst. Schau auf Jesus und werde verwandelt.

In Johannes 6,17 heißt es: »Und es war schon finster geworden, und Jesus war nicht zu ihnen gekommen.« Heute glaube ich, dass dies ein Hinweis auf sein zweites Kommen ist. Die Gemeinde ruderte in der Dunkelheit weiter, und Jesus war nicht gekommen. Stell dir das mal bildlich vor. Die Jünger sind in dem Boot, es ist dunkel, der Wind frischt auf und die Wellen schlagen hoch. Sie kommen gegen den Wind und die Wellen nicht an; sie reißen bloß noch an den Rudern und schöpfen so schnell sie können das Wasser aus dem Boot, um nicht unterzugehen. Dieses Bild steht für einen Gläubigen, der die Gnade nicht versteht. Große Gewässer, wie hier der See Genezareth oder wie das Mittelmeer, stehen in der Bibel für Chaos und Sünde. Die Juden waren kein Seefahrervolk. Die Beschreibung in 1. Mose 1 vom Geist Gottes, der über der

Wasserfläche schwebt, ist ein Sinnbild für Gott, der Ordnung in das Chaos bringt.

In diesem Wunder kämpfen die Jünger gegen das Chaos und die Sünde in ihrem Leben an, und sie tun es auf die einzige Weise, die sie kennen: Sie nutzen ihre Kraft, ihren Verstand und ihr Wissen, um ihr Boot vor dem Sinken zu bewahren. Aber du und ich wissen, dass ein Kampf gegen die Sünde, der in der Kraft der eigenen Heiligkeit begangen wird, nicht zur Erlösung führen kann. Trotzdem sagt die Kirche zu Menschen, die mit der Sünde kämpfen, einfach nur: »Streng dich mehr an, Jesus wird dir helfen.«

In der Tat bildet dieser Kampf mit der Sünde für die meisten Christen den Kern ihrer Existenz. Er definiert, wer sie sind und worum es ihnen geht. Ihre Agenda und ihr Ziel ist es, heilig für Gott zu leben: »Finde einen Weg, wie du die Beziehung zu Gott aufrechterhalten kannst! Bekämpfe deine Sünden!« Diese Menschen befinden sich in einem nicht enden wollenden Kampf inmitten ihres eigenen Chaos. Das Traurige daran ist: Sie denken, dieser Kampf sei das, worum es im Leben ginge. Sie sind nicht in der Lage, auf die andere Seite zu gelangen und anderen Menschen tatsächlich zu helfen. Sie stecken im Kampf gegen ihre eigene Sünde fest und setzen im vergeblichen Ringen um den Sieg jedes Gramm menschlicher Kraft, Intellekt und Geschick ein. Das, was sie als Dienst an anderen Menschen bezeichnen, bringt diese nur dazu, in denselben endlosen und fruchtlosen Kampf einzutreten, in dem sie selbst sich befinden. »Komm schon, Bruder, nimm Jesus Christus an (komm in unser Boot) und genieße den fruchtlosen und sieglosen Kampf des Chaos gemeinsam mit mir. Kämpfe gegen die Sünde! Bleib heilig! Streng dich an!« Wie Jesus in Matthäus 15,14 sagte: »Sie sind blinde Blindenführer! Wenn aber ein Blinder den andern führt, so fallen sie beide in die Grube.«

Das bedeutet es ihrer Ansicht nach, ein Gläubiger zu sein. Nein! Menschen in diesem Chaos sind noch nicht an einem Ort des Dienstes – in einem Zustand, der sie zum Dienst fähig macht – angekommen; sie sind noch auf dem Wasser. Der Heilige Geist hat mir gezeigt, wie Jesus hier, in unseren letzten Tagen, zu seiner Gemeinde kommt, zu den Menschen seines Volkes, die mit der Sünde kämpfen. Und wie reagiert die Gemeinde? Im Großen und Ganzen mit Angst. Vers 19 (NLB): *Sie waren etwa fünf Kilometer weit gekommen, als sie plötzlich Jesus übers Wasser auf ihr Boot zukommen sahen. Sie erschraken fürchterlich.* Sie erkennen ihn nicht als den, der er ist.

Siehst du das Bild? Das sind wir, die Gemeinde in ihrer Gesamtheit. Es ist unsere Generation! Die erste Reaktion auf den wahren Jesus, denjenigen, der das Licht ist, der reine Gnade ist, äußert sich in Angst. Er muss ein Gespenst sein! Was so viel heißt wie: Er ist böse und seine Absichten sind böse. Die Kirche hat dieses Evangelium von Jesus nicht als das erkannt, was es ist.

Ich war neulich mit einer Person zusammen, die das, was wir glauben, spöttisch als »Hyper-Grace«-Evangelium bezeichnet. Ich so: »Wie recht du hast – Jesu Gnade ist tatsächlich Hyper-Gnade! Sie ist außergewöhnlich und sie kann alles vollbringen.« Ich selbst nenne sie einfach so, wie Paulus es tat – es ist einfach nur Gnade, die unverdiente Gunst Gottes auf uns. Um sie zu erhalten, muss man nur eine einzige Bedingung erfüllen: Man darf sie nicht verdient haben. Wenn du Gottes Liebe und Fürsorge nicht verdient hast, dann bist du qualifiziert. Glaube die gute Nachricht: Jesus hat die Sünden deines gesamten Lebens weggenommen und zwischen dir und dem Vater Frieden geschlossen. Und jetzt will der Vater dich mit seiner Liebe überschütten.

Wenn du das erst einmal verstanden hast, wird die Angst durch Erleichterung und Freude ersetzt – mehr Freude, als du je für möglich gehalten hättest, und mehr Liebe, als du jemals zuvor erfahren hast. Hier ist die gute Nachricht für unsere Generation, mein Freund: Die Angst, mit der Gottes Volk reagierte, existierte nur anfänglich. Bald schon erkannten die Menschen: »Das ist Jesus! Steig ins Boot, Jesus.« In Vers 21 (KJV) heißt es: »Bereitwillig nahmen sie ihn dann in das Boot auf.« Freund, wir sind mit der reinen Gnadenbotschaft des Evangeliums auf ein wenig Widerstand gestoßen, aber zieh daraus keine falschen Schlüsse – das Evangelium der Gnade wird in jeder Stadt, in jedem Land, auf jedem Kontinent aufgenommen. Die Menschen erkennen Jesus (das Licht) und nehmen ihn bereitwillig in ihre Gemeinden auf.

Und sobald du das reine Evangelium von Jesus Christus empfängst, genau in dem Moment, in dem das geschieht, kommst du an den Ort des Dienstes – du erreichst einen Zustand, in dem du tatsächlich fähig bist, Menschen zu helfen, als Licht zu leuchten und würzendes Salz zu sein. »Da wollten sie ihn in das Schiff nehmen, und sogleich war das Schiff am Land, wohin sie fahren wollten« (Vers 21). Kein Ankämpfen mehr gegen die Wellen. Kein Kampf mehr mit der Sünde. Dieser Kampf ist vorbei. Er ist gewonnen. Jesus hat ihn gewonnen. Sobald du die Fülle seiner Gnade verstehst, die in der umfassenden Vergebung und der völligen Liebe des Vaters zu dir besteht, wirst du augenblicklich aus deinen eigenen Kämpfen gegen die Sünde an den Ort des Dienstes versetzt – in die Befähigung zum Dienst an anderen. Du kannst dann auf andere zugehen und sagen: »Gott hält dir deine Sünden nicht vor. Gott war in Christus und versöhnte so die Welt mit sich selbst und *rechnete den Menschen ihre Sünden nicht mehr an* (siehe 2Kor 5,19). Gott rechnet dir deine Sünden nicht an – keine einzige, absolut keine. Er liebt dich – hier und jetzt, in diesem Augenblick.«

Freund! Hör mir zu. Das Boot ist angekommen! Für dich hat das Boot angelegt. Indem du dieses Evangelium empfängst, bist du an dem Ort des Dienstes angekommen. Du bist runter vom Wasser. Jetzt ist es Zeit für Wunder! Jetzt kommt wahre Kraft ins Spiel!

Kapitel 9

DER BLIND GEBORENE MANN

Und als er vorbeiging, sah er [Jesus] einen Menschen, der blind war von Geburt an. Und seine Jünger fragten ihn und sprachen: Rabbi, wer hat gesündigt, sodass dieser blind geboren ist, er oder seine Eltern? Jesus antwortete: Weder dieser hat gesündigt noch seine Eltern; sondern an ihm sollten die Werke Gottes offenbar werden! Ich muss die Werke dessen wirken, der mich gesandt hat, solange es Tag ist; es kommt die Nacht, da niemand wirken kann. Solange ich in der Welt bin, bin ich das Licht der Welt. Als er dies gesagt hatte, spie er auf die Erde und machte einen Brei mit dem Speichel und strich den Brei auf die Augen des Blinden und sprach zu ihm: Geh hin, wasche dich im Teich Siloah (das heißt übersetzt: »Der Gesandte«)! Da ging er hin und wusch sich und kam sehend wieder. — Johannes 9,1–7

Dieses Wunder, bei dem Jesus einen Blindgeborenen sehend machte, ist ein wunderbares Heilungswunder, und wenn es uns sonst nichts beibrächte, würden wir zumindest etwas über das Mitgefühl und die Vollmacht Jesu erfahren. Doch damit hätten wir nur an der Oberfläche dessen gekratzt, was dieses Wunder – das so viel größer ist – uns mitzuteilen hat. Ich glaube, dieses Wunder ist ein gewaltiges Bild des neuen Bundes und ich möchte deinen Blick öffnen für das, was mich der Heilige Geist über diese Heilung gelehrt hat.

Lass mich die Ereignisse zunächst in den richtigen Zusammenhang bringen. Dieses Wunder nimmt das gesamte neunte Kapitel des Johannesevangeliums ein. Aber wie sieht es mit dem Kontext aus? Was passiert unmittelbar davor? In Johannes Kapitel 8 hat Jesus gerade die Frau, die beim Ehebruch ertappt worden war, aus ihrer misslichen Lage gerettet. Die religiösen Leute wollen diese Frau steinigen. Sie bringen sie zu Jesus. Jesus sagt: »Wer unter euch ohne Sünde ist, der werfe den ersten Stein.« Alle Ankläger denken darüber nach, lassen ihre Steine fallen und gehen nacheinander weg, bis keiner mehr da ist.

Dieser Vorfall spielt sich im Tempel in Jerusalem ab. Jesus bleibt danach noch im Tempel und beginnt dort zu lehren und mit den Pharisäern zu debattieren. Je mehr Jesus lehrt, desto wütender werden die Pharisäer. Im letzten Vers von Kapitel 8 heben die Pharisäer Steine auf, um ihn damit zu steinigen. Diese Steine müssen bereits im Tempel gelegen haben; das Fundament des Tempels wird kaum so bröckelig gewesen sein, dass man sich nach Belieben Steine herausklauben konnte. Welche Steine heben sie also auf? Sie heben die Steine auf, die von den Leuten mitgebracht worden waren, die jene beim Ehebruch ertappte Frau steinigen wollten! So sieht Recycling aus – Verurteilung auf umweltfreundliche Art. Dieselben Steine, mit der die Gesetzeshüter der Frau etwas antun wollten, setzten sie auch gegen Jesus ein.

Jesus schlüpft auf übernatürliche Weise aus dem Tempel und geht nun durch die Straßen von Jerusalem. Und hier knüpft unsere Geschichte an. *»Und als er [Jesus] vorbeiging, sah er einen Menschen, der blind war von Geburt an«* (Vers 1). Lass uns dieses Wunder mal genauer betrachten. Dieser blinde Mann steht eigentlich für alle Menschen, für die gesamte Menschheit. Jeder Mensch auf diesem Planeten wird, geistlich gesehen, blind geboren. Das bedeutet zwei Dinge: Die Menschen sehen sich selbst nicht richtig und sie sehen Jesus nicht richtig. Diese beiden Gegebenheiten treten immer zusammen auf. Wenn ein Mensch von seiner geistlichen Blindheit geheilt ist, was sieht er dann? »Von uns allen wurde der Schleier weggenommen, sodass wir die Herrlichkeit des Herrn wie in einem Spiegel sehen können« (2Kor 3,18 NLB). Wenn die Blindheit geheilt ist (Paulus nennt es »den Schleier wegnehmen«), dann ist es, als würdest du in einen Spiegel blicken (ein Spiegel wird benutzt, um sich selbst zu betrachten, also schaust du dich selbst an). Und was siehst du? Du siehst die »Herrlichkeit des Herrn«. Du siehst Jesus!

Wenn sie in einen Spiegel schauen und sich selbst betrachten, sehen die meisten Menschen Hässlichkeit. Sie sehen Versagen, sie sehen Verurteilung, sie sehen Sünde und sie sehen Unzulänglichkeiten. Sie sehen alles, was an ihnen und an ihrem Leben verkehrt ist. Aber wenn du richtig sehen kannst, wenn du von der Blindheit geheilt bist, erfährst du, »gleichwie er ist, so sind auch wir in dieser Welt« (1Joh 4,17). Jesus hat dich qualifiziert. Jesus hat dich für immer vollkommen gemacht (siehe Hebr 10,14). Jesus hat dich wunderschön gemacht. Wenn du also von geistlicher Blindheit geheilt wurdest, beginnst du, dich selbst so zu sehen, wie Jesus dich sieht. Du blickst in den Spiegel und siehst dort die Herrlichkeit Jesu. Sein Gesicht schaut dich aus dem Spiegel an, wenn du hineinblickst.

Das ist ein wichtiger Punkt! In dieser Geschichte verbirgt sich eine Lektion – ein Bild, das du unbedingt verstehen solltest. Die religiösen Menschen schauen auf diesen blinden Mann und was sehen sie? *»›Du bist ganz in Sünden geboren und willst uns lehren?‹ Und sie stießen ihn hinaus«* (Vers 34). Die Pharisäer sahen die Blindheit des Mannes und hielten sie für die Strafe Gottes auf seinem Leben. Wie sehen sie ihn? Als ungerechten, unheiligen, unfähigen und unwürdigen Sünder. Sieht Jesus ihn auch so? Sagt Jesus irgendetwas in der Art über ihn? Nein.

Interessanterweise wollen die Jünger diesem Mann auf dieser gleichen Basis begegnen, mit demselben Bild von Verurteilung und Gericht vor den Augen. Sie sagen in Vers 2: »Rabbi, wer hat gesündigt, sodass dieser blind geboren ist, er oder seine Eltern?« So lehrt es uns die Religion: »Als Evangelisten müssen wir mit den Menschen gemäß ihrer Sünde umgehen – besonders mit Ungläubigen. Wir müssen ihre Sünde aufdecken. Wir müssen sie aus der Sünde herausholen. Wir müssen sie dazu bringen, ihre Sünde zu bereuen und sich von ihr abzuwenden. Genau da müssen wir ansetzen. Alles klar?« Die Sache ist nur, dass Jesus nichts davon lehrt. Vielmehr sagt die Bibel in Römer 2,4, »dass dich Gottes Güte zur Herzensumkehr leitet«. Gottes Güte bringt uns dazu, unsere Meinung über Gott zu ändern. Gottes Güte ist der Ausgangspunkt im Umgang mit Menschen – und nicht ihre Sündhaftigkeit. Gott möchte sich den Menschen gegenüber als gut erweisen. Er möchte sich den Menschen gegenüber liebevoll zeigen. Hier muss angesetzt werden im Umgang mit denen, die Gott nicht kennen.

Wie geht Jesus mit diesem blinden Mann um? Die Jünger wollen den Kontakt zu ihm auf der Grundlage seiner Sünden herstellen, indem sie zunächst die Schuldfrage klären. Jesus hingegen will zu diesem Mann eine Bindung aufbauen, die auf dem basiert, was Gott für ihn getan hat. Die Jünger fragten: »Rabbi, wer hat gesündigt, sodass dieser blind geboren ist, er oder seine Eltern?« (Vers 2). Jesus erwidert: »Weder dieser hat gesündigt noch seine Eltern; sondern an ihm sollten die Werke Gottes offenbar werden!« Jesus war nicht an der Sünde interessiert. Er war daran interessiert, die guten Werke Gottes zu offenbaren.

Wir hingegen wollen immer erst wissen: »Warum geht es diesem Menschen so? Warum hat diese Person diese Krankheit?« Das sind Fragen, die aus dem Fleisch kommen, auch wenn sie fromm klingen. Die Gnade sagt einfach: »Hier ist die Lösung.« In der Gnade liegt die Antwort. Wir müssen nicht nach dem Warum fragen. Wir präsentieren einfach die Lösung! Und diese Lösung heißt Jesus.

Warum ist dieser Mann blind geboren? Theologen beschäftigen sich nach wie vor mit dieser Frage. Aber worum es hier wirklich geht und worauf auch Jesus hinauswill, das ist das Dilemma der gesamten Menschheit. Dieser Mann steht für jeden einzelnen Menschen. Jeder wird in geistliche Blindheit hineingeboren. Nun, wessen Schuld war das? Wer hat gesündigt, dass ich blind geboren wurde (blind dafür, wer Gott ist, blind dafür, wozu er mich bestimmt hat)? Wer hat gesündigt, dass dieser Mann vor Jesus blind war? Waren es seine Eltern? War er es? Nein, sagt Jesus, weder dieser Mann noch seine Eltern, ihr müsst bis zum Anfang zurückgehen. Diese Blindheit kommt von Adam. *»Denn wie in Adam alle sterben, so werden in Christus alle lebendig gemacht werden«* (1Kor 15,22 EÜ). Man könnte sagen, in Adam wurden alle blind; blind dafür, wer sie sind, blind dafür, wer Gott ist und wie er uns gegenüber handelt. In Römer 5,12 (NLB) heißt es: *»Die Sünde kam durch einen einzigen Menschen in die Welt – Adam. Als Folge davon kam der Tod, und der Tod ergriff alle, weil alle sündigten.«* Durch Adam sind alle gefallen. Erscheint es da fair, dass wir von Gott für eine Blindheit verurteilt werden sollten, die nicht unsere Schuld ist?

Nein, das ist nicht fair. Deshalb wird durch den letzten Adam, Jesus Christus, die gesamte Menschheit in einen Zustand der Unschuld versetzt. Diejenigen, die daran glauben, werden gerettet werden. Mit anderen Worten: all diejenigen, die glauben, dass Jesus ihre Sünden weggenommen und sie selbst in einen Zustand der Unschuld versetzt hat. Der ganzen Welt ist vergeben. Aber nicht die ganze Welt nimmt von ihrer Unschuld Notiz. Die Menschen laufen immer noch als Blinde herum, die die Güte Gottes nicht kennen und ihre wahre Identität in Christus nicht verstehen.

Weißt du, ich habe früher geglaubt, Adams Einfluss auf die menschliche Spezies sei größer als der Einfluss, den Jesus hat. Ich glaubte, das Werk Adams, das die gesamte Menschheit unter die Knechtschaft der Sünde und des Todes brachte, sei mächtiger als das Werk Jesu (der nur eine verhältnismäßig kleine Anzahl von Menschen zur Vergebung führen konnte). Aber das stimmt nicht. Das Werk Christi hat das Werk Adams vollständig zunichtegemacht. Das Lamm Gottes nahm die Sünden der ganzen Welt weg. Und für diejenigen, die glauben, übersteigt das Werk Christi das Werk Adams bei weitem, denn diejenigen, die glauben, werden in Christus zu neuen Geschöpfen gemacht, indem sich sein Geist mit unserem Geist verbindet. Mit anderen Worten, in Christus werden wir in eine Position erhoben, die Adams Stellung noch übersteigt.

Wenn der Schleier entfernt ist, wenn die Blindheit geheilt ist, sehen wir, wer wir wirklich sind und wer Gott wirklich ist! Und Gott hatte schon die ganze Zeit für den Umstand unserer Blindheit vorgesorgt, denn Jesus war schon immer das Lamm, *»das geschlachtet worden ist, von Grundlegung der Welt an«* (Offb 13,8). Oder anders gesagt: Gott, der außerhalb von Zeit und Raum existiert, hatte dort die Lösung für das Dilemma der Menschheit schon parat, bevor die Welt innerhalb von Zeit und Raum überhaupt geschaffen wurde. In Hebräer 4,3 heißt es, dass Gottes *»Werke seit Grundlegung der Welt beendigt [waren]«*. Von Anfang an hatte Gott im Reich des Geistes einen bereits vollendeten Plan für uns.

Menschen wie Abraham schöpften aus dem vollbrachten Werk Jesu, noch bevor Jesus in der Zeit erschien. So glaubte Abraham Gott, und sein Glaube wurde ihm als Gerechtigkeit angerechnet. Dieser Punkt ist sehr wichtig, denn Jesus berief sich auf sein vollbrachtes Werk am Kreuz schon bevor er überhaupt ans Kreuz ging. Sieh selbst, was Jesus in Vers 3 (KJV) sagt: *»Weder dieser hat* *gesündigt noch seine Eltern; sondern die Werke Gottes sollten in ihm offenbar werden!«*

Damit in einem Menschen etwas offenbar werden kann, muss es dort bereits existieren. Im Geistlichen ist Jesus das Lamm, das vor Grundlegung der Welt geschlachtet wurde. Im Geistlichen ist das Werk Gottes für uns alle in Jesus vollendet.

Im Reich des Geistes ist dieser Mensch von Grundlegung der Welt an geheilt. Das Werk Gottes ist vollendet. Was wird Jesus nun tun? Er wird die Werke, die Gott an diesem Menschen bereits vollbracht hat, offenbaren, aufdecken, sichtbar machen. Dieser Mann, der blind geboren wurde, steht für alle Menschen, die jemals geboren wurden. Sie können sich selbst nicht richtig sehen und sie können Jesus nicht richtig sehen. Aber Jesus sieht sie (dich!). Er kommt zu dir, um das vollbrachte Werk des Lammes Gottes in dir zu offenbaren, sichtbar zu machen und aufzudecken. Der Himmel hat für jeden Menschen den Wunsch, das Werk freizulegen, das Jesus bereits vollbracht hat.

Wenn ich zu dir sage: »Gott rechnet dir deine Sünden nicht an« (2Kor 5,19), dann lege ich damit die Werke Gottes in dir frei. Wenn wir körperliche Heilung aussprechen, legen wir damit einfach die vollbrachten Werke Gottes in einer Person frei. Wenn ich sage, dass du (als gläubige Person) die Gerechtigkeit Gottes in Christus bist, dann geschieht das nicht in der Hoffnung, es möge eines Tages tatsächlich so sein. Nein, ich decke das Werk auf, das Gott bereits in dir vollbracht hat.

Wenn wir also auf jemanden zugehen – egal, auf wen –, können wir das vollbrachte Werk Jesu in dieser Person bestätigen, indem wir es aussprechen, und wenn dieser Mensch es glaubt, dann ist dieses vollbrachte Werk aufgedeckt (oder offenbart) worden. Das ist deine Aufgabe. Das ist dein Job. Du und ich, wir haben einen leichten Job. Wir weisen einfach auf das Werk hin, das Gott bereits getan hat. Und wenn der Hörer es glaubt, ist es aufgedeckt. Gottes Werk: Erlösung für alle Menschen überall. Unser Beitrag: Gottes Werk aufdecken. Gottes Aufgabe: Die Erlösung durch das Lamm, das vor Grundlegung der Welt geschlachtet wurde. Unsere Aufgabe: Das Werk aufdecken, das bereits vollbracht ist.

Lass uns weiterlesen: *»Ich muss die Werke dessen wirken, der mich gesandt hat, solange es Tag ist; es kommt die Nacht, da niemand wirken kann«* (Joh 9,4). Jesus macht aus dieser Heilung ein Gleichnis. Er sagt ganz offen, dass hier mehr passiert als bloß eine Heilung. *»Solange ich in der Welt bin, bin ich das Licht der Welt«* (Vers 5). Bitte denk mal mit mir darüber nach.

Ich habe diese Heilung deshalb in einen etwas breiteren Kontext gestellt, damit du verstehst, was Jesus meint, wenn er sagt, dass er das Licht der Welt sei; denn hier nun spricht er über Tag und Nacht und Licht und Dunkelheit. Er möchte, dass wir genau wissen, worum es geht. Er benutzt noch einmal die gleiche Formulierung wie schon in Kapitel 8, als es um die beim Ehebruch ertappte Frau ging. Dort sagt er in Vers 12: *»Ich bin das Licht der Welt. Wer mir nachfolgt, wird nicht in der Finsternis wandeln, sondern er wird das Licht des Lebens haben.«* Er stellt die Art und Weise, wie er seinen Dienst tut, der Art und Weise gegenüber, wie die religiösen Führer ihren Dienst tun. Wie verrichten sie denn ihren Dienst? Sie steinigen die Menschen, die in Sünde gefangen sind. »Wir dienen euch, indem wir euch töten.« Das ist die Ausübung des Gesetzes Gottes – Verwerfung und dann das Urteil, das zum Tod führt. *Das ist die Finsternis, auf die sich Jesus bezieht.* Seine Jünger wandeln nicht in dieser Finsternis; sie wandeln nicht in diesem Dienst.

Jesus stellt uns ein neues Dienstkonzept vor. Wie führt er seinen Dienst aus? Er verkündet das Geschenk der Gnade, das Geschenk, frei von Verurteilung zu sein. *»So verurteile ich dich auch nicht. Geh hin und sündige nicht mehr!«* (Vers 11). Was bietet er ihr an?

Gnade! Gnade – die Kraft, die Sünde zu überwinden. Die religiösen Führer boten das Gesetz an – das Recht, in Sünde zu sterben.

Johannes sagt in Kapitel 1, Jesus sei das Licht, das in die Welt gekommen ist. Das Licht, das in der Finsternis leuchte! Mit anderen Worten: Sein Licht der Gnade löscht Gericht und Verurteilung aus; das ist unanfechtbar, sofern man es empfangen kann. *»Wir haben seine Herrlichkeit geschaut, die Herrlichkeit des einzigen Sohnes vom Vater, voll Gnade und Wahrheit«* (Joh 1,14 EÜ). Wie sieht das Licht aus? Es sieht nicht wie Gericht und Wahrheit aus, auch nicht wie Verurteilung und Wahrheit. Es sieht aus wie Gnade und Wahrheit!! Wie wir sehen können, gehören Wahrheit und Gnade zusammen.

Nun könnte jemand sagen: »Ja schon, aber die Wahrheit steht auch auf der Seite des Gesetzes und der Verurteilung. Wir müssen mit unseren Fehlern ehrlich umgehen.« Es ist nur so: Du wirst zu keinem Ende finden. Man wird nie damit fertig, die eigenen Fehler zu untersuchen. Du dringst nie bis zur Wahrheit vor. Du kannst in dich gehen und nach deinen Fehlern forschen, doch sobald du welche gefunden hast, verzweigen sie sich zu noch mehr Fehlern, zu tieferer Gebrochenheit – und das hört nie auf. Du kannst der Wahrheit nicht auf den Grund kommen, wenn du nach innen schaust und dich auf der Grundlage des Gesetzes selbst beurteilst. In der Kirche, unter deren Traditionen ich aufgewachsen bin, drehte sich in der Fastenzeit alles darum, Innenschau zu halten und sich selbst auf der Grundlage des Gesetzes zu beurteilen. Was für eine endlose Knechtschaft!

Die Wahrheit kann nur in Jesus und seinem vollbrachten Werk der Gnade gefunden und voll ausgeschöpft werden! Wenn du zu Jesus kommst, wird die Wahrheit in ihrer ganzen Fülle greifbar gemacht. Du kannst aufhören zu suchen. Alles ist bezahlt. Alles ist abgedeckt. Das Werk ist vollbracht. Jesus und seine Gnade sind die endgültige Antwort auf die Frage nach der Wahrheit. Wahrheit und Gnade stehen auf derselben Seite.

Als Jesus sich als das Licht der Welt bezeichnete, meinte er damit, dass er Gnade ist und dass Gnade letztendlich zu Leben führt. Und wer ihm folgt, wird so dienen wie er. In Johannes 8,12 sagt er: *»Wer mir nachfolgt, wird nicht in der Finsternis wandeln, sondern er wird das Licht des Lebens haben.«* Womit er meint: Ihr sollt nicht mithilfe von Verurteilung und Gericht dienen wie die Pharisäer, wie die religiösen Menschen, sondern ihr sollt aus der Gnade heraus dienen, weil ich Gnade bin; und das Endresultat wird Leben sein!

In unserer Heilungsgeschichte hier sagt er: »Ich muss die Werke dessen wirken, der mich gesandt hat, solange es Tag ist; es kommt die Nacht, da niemand wirken kann.« Streich die Worte »ich muss« am Satzanfang. Hier muss eigentlich »wir müssen« stehen. Manche Bibelübersetzungen berücksichtigen das oder machen es durch eine Fußnote kenntlich. In den ältesten und besten Manuskripten ist zu lesen: *»Wir müssen die Werke dessen wirken, der mich gesandt hat.«* Das schließt dich mit ein. Du sollst das Gleiche tun wie er: Enthülle sein vollbrachtes Werk in den Menschen. Des Weiteren sagt er, wir müssen arbeiten, solange es Tag ist, denn es kommt die Nacht, da niemand wirken kann. Was ist das für eine *»Nacht, da niemand wirken kann«*? Das ist schnell erklärt – wende einfach an, was du mittlerweile über Dunkelheit und Licht, über den Dienst der Verurteilung und den Dienst der Gnade weißt.

Wenn die Dunkelheit überhandnimmt, wenn die Dienste der Verurteilung und Gesetzlichkeit ihr Werk verrichten dürfen, wenn das Gesetz zur Richtschnur für die Beziehung zwischen Mensch und Gott wird, dann wird die Enthüllung des vollbrachten Werkes Jesu abgelehnt werden. Wenn Jesus von Tag und Nacht spricht, meint er Zyklen und Zeitabschnitte der Geschichte. Es hat in der

Kirche über die Jahrhunderte hinweg immer wieder Zeiten gegeben, in denen es fast unmöglich war, das Werk der Gnade zu offenbaren.

Martin Luther brachte der Kirche die Reformation. Die Erneuerung der Kirche führte dazu, dass die Gnade wieder neu angenommen wurde. Doch Luther stand am Ende einer langen Reihe von Menschen, die schon vor ihm das reine Evangelium wiederentdeckt und in der Gnade zu wirken begonnen hatten. Lange bevor Luther kam, machten sich diese Menschen daran, die Wahrheit der Gnade zu offenbaren, und sie alle starben den Märtyrertod. Von wem wurden sie gequält und getötet? Von Jesus hassenden Heiden und Sündern? Nein, sie wurden von der Kirche zu Tode gepeinigt. John Hus, der hundert Jahre vor Luther lebte, hatte eine Offenbarung über die Gnade im Hinblick auf die Errettung. Er begann, darüber zu lehren und wurde dafür auf dem Scheiterhaufen verbrannt. Es war die Nacht gekommen, in der niemand mehr wirken konnte. Aber dann brach ein neuer Tag an, und der geistliche Aufbruch der Reformation fand statt. Schade, dass Luther nicht in der Lage war, das vollbrachte Werk Jesu in vollem Umfang auf das Thema Heiligung anzuwenden. Hätte er das getan, würden wir heute keine erneute Reformation brauchen. Aber wie es aussieht, wird die Reformation jetzt in unseren Tagen zum Abschluss gebracht!

Wenn man Licht und Finsternis in Bezug zu unserer Zeit setzt, zeigt sich, dass der Dienst der Finsternis in vielen Bereichen sehr aktiv ist, aber (du weißt es und ich weiß es) das Licht dämmert herauf – hier und auf der ganzen Welt. Die Menschen wachen auf und werden sich ihrer Gerechtigkeit und des vollbrachten Werkes Jesu in ihnen bewusst! Halleluja!!

Sieh dir Johannes 9,6 an: »*Als er dies gesagt hatte, spie er auf die Erde und machte einen Brei mit dem Speichel und strich den*

Brei auf die Augen des Blinden.« Jesus spuckte … Als Kind klang das ziemlich eklig für mich. Wusstest du, dass dein Speichel deine DNA enthält? Ich habe tatsächlich eine Menge über Speichel gelernt, aber ich werde dich mit meinem Wissen verschonen – bis auf das, was ich in einem Artikel gelesen habe. Dort stand: »Speichel enthält eine große Menge zellulären DNA-Materials.« Überleg mal: Jesus trug das Leben Gottes in seinem Körper. Das heißt, sein Körper enthielt auch die Gesundheit Gottes. Jedes Mal, wenn du das Abendmahl empfängst, sagt Jesus zu dir: »Dies ist mein Leib, der für dich hingegeben wurde. Nimm und iss.« Jesus hat Menschen geheilt, indem er sie mit seiner Hand berührte. Sein Körper bestand aus Gesundheit. Stell dir jetzt im Glauben vor, wie er zu dir sagt: »Dies ist mein Leib, der voller Gesundheit ist. Ich möchte, dass du davon isst und meinen Leib mitsamt seiner Gesundheit in dich aufnimmst, damit er dich von innen heraus gesund und heil machen möge.«

Und jetzt schau dir Vers 7 an. Jesus sagt dem Blinden, er solle gehen und sich waschen: *»Geh hin, wasche dich im Teich Siloah.«* Findest du das nicht ein bisschen seltsam? Ich meine, warum lässt er nicht von einem seiner Jünger Wasser für ihn holen? Oder hätte der Mann sich nicht einfach mit dem Wasser waschen können, das sicherlich irgendwer als Trinkwasser dabeihatte? Doch es gibt einen Grund – einen guten Grund –, weshalb Jesus ihn losschickt.

Von dem Teich Siloah ist in der Bibel nur dreimal die Rede. Er wird einmal in Johannes Kapitel 9 und zweimal im Alten Testament erwähnt. Und nur bei einem dieser beiden Male im Alten Testament spielt er eine hervorgehobene Rolle, und zwar in Jesaja 8,6–7: *»Weil dieses Volk das still fließende Wasser Siloahs verachtet, dagegen Freude hat an Rezin und an dem Sohn Remaljas, siehe, so wird der Herr die starken und großen Wasser des Stromes über sie bringen, den König von Assyrien mit seiner ganzen Herrlichkeit.«*

An dieser Stelle des Alten Testaments spielt sich ein Stück Geschichte ab. Israel steht kurz vor der Invasion durch das feindliche Heer der Syrer. Das Volk Israel beschließt, sich nicht dem Schutz und der Versorgung Jahwes anzuvertrauen. Stattdessen wendet es sich an Rezin, den König von Damaskus, und an Remaljas Sohn Pekach, den König von Assyrien. Gott vergleicht hier ihre Entscheidung mit der Wahl zwischen zwei Wasserquellen. Das damalige Assyrien ist der heutige Irak, und der hier erwähnte starke und große Fluss ist der Euphrat.

Gott sagt im Grunde zu ihnen: »Ihr entscheidet euch, Hilfe in menschlicher Stärke zu suchen – die Stärke der assyrischen Armee, die wie die des Euphrats ist. Sie scheint mächtig und schlagkräftig. Aber es ist nur die Stärke des menschlichen Fleisches. Indem ihr den Euphrat als Fluss der Stärke und Macht wählt, lehnt ihr ab, was in eurer Mitte ist – meine Gegenwart, Versorgung und Kraft.« Jeder Israelit kannte den Teich von Siloah. Der Teich von Siloah wurde von Jerusalems einziger Frischwasserquelle gespeist. Es gab nur diese eine Quelle in Jerusalem, die frisches Wasser in den Teich von Siloah fließen ließ. Anderes Süßwasser war nicht vorhanden. Stell dir die sprudelnde Quelle vor und dann mal dir aus, wie frisch und angenehm dieses sanft plätschernde Wasser ist, das aus dem Teich von Siloah kommt. Er ist das alttestamentliche Symbol für die Versorgung durch Gott, der auf sanfte und liebevolle Art mit seinem Volk umgeht. Er steht für Gottes Gnade und für die Entscheidung als Mensch, sich nicht auf die Kraft des Fleisches, sondern auf Gottes Versorgung zu verlassen. Der Teich von Siloah ist außerhalb der Stadtmauern gelegen.

Wo befinden sich Jesus und der blinde Mann? Sie halten sich innerhalb der Stadtmauern auf, direkt vor dem Tempel. Wozu fordert Jesus den Blinden auf? Raus und weg aus dem Tempel zu gehen, raus und weg aus der Stadt, in der Verurteilung lauert. Er schickt ihn weg von den Lehren voller Verdammnis und Gericht, weg von dem Konzept der Beziehung zu Gott auf Basis eigener Kraftanstrengungen. »Lass die Stadtmauern hinter dir, entferne dich von allem Verurteilenden und wasche dich in der Versorgung Gottes; wasche dich in der Gnade, die Israel einst verworfen hat. Wasche dich in den sanften, angenehmen Wassern der Gnade. Und sieh nur, was geschieht – Heilung!«

Kapitel 10

DIE VERKRÜMMTE FRAU

Er lehrte aber in einer der Synagogen am Sabbat. Und siehe, da war eine Frau, die seit 18 Jahren einen Geist der Krankheit hatte, und sie war verkrümmt und konnte sich gar nicht aufrichten. Als nun Jesus sie sah, rief er sie zu sich und sprach zu ihr: Frau, du bist erlöst von deiner Krankheit! Und er legte ihr die Hände auf, und sie wurde sogleich wieder gerade und pries Gott. Der Synagogenvorsteher aber war empört darüber, dass Jesus am Sabbat heilte, und er ergriff das Wort und sprach zu der Volksmenge: Es sind sechs Tage, an denen man arbeiten soll; an diesen kommt und lasst euch heilen, und nicht am Sabbattag!

Der Herr nun antwortete ihm und sprach: Du Heuchler, löst nicht jeder von euch am Sabbat seinen Ochsen oder Esel von der Krippe und führt ihn zur Tränke? Diese aber, eine Tochter Abrahams, die der Satan, siehe, schon 18 Jahre gebunden hielt, sollte sie nicht von dieser Bindung gelöst werden am Sabbattag? Und als er das sagte, wurden alle seine Widersacher beschämt; und die ganze Menge freute sich über all die herrlichen Taten, die durch ihn geschahen. — Lukas 13,10–17

Ich möchte diese Heilungsgeschichte aus einem neuen Blickwinkel beleuchten und dir helfen, die Heilung der verkrümmten Frau nicht nur als Wunder, sondern als Zeichen zu sehen. Lukas beschreibt die Frau kurz und bündig mit einem Satz: »*Und siehe, da war eine Frau, die seit 18 Jahren einen Geist der Krankheit hatte, und sie war verkrümmt und konnte sich gar nicht aufrichten.«* An dieser Frau fallen sofort drei Dinge auf. Erstens: Ein Geist hält sie gefangen. Zweitens: Sie ist so gebeugt (*sugkuptusa* – wörtlich: zusammengekrümmt), dass sie nur auf den Boden und sich selbst schauen kann. Und drittens: Sie *»konnte sich gar nicht aufrichten«*.

Freunde, das ist sowohl ein Bild als auch ein Zeichen; es steht für die Gemeinde, die in der Sklaverei des Gesetzes, des alten Bundes, gefangen ist. Die Frau ist ein Symbol für die Gemeinde Christi. Woher wissen wir das? Wir erkennen es an Jesu eigenen Worten. Jesus sagt, dass er sie nicht dem mosaischen Bund des Gesetzes zurechnet; vielmehr sieht er sie als eine, die unter dem Bund der Verheißung Abrahams steht. Sieh dir Vers 16 an: *»Diese aber, eine Tochter Abrahams, die der Satan, siehe, schon 18 Jahre gebunden hielt, sollte sie nicht von dieser Bindung gelöst werden am Sabbattag?«*

Die Pharisäer, die religiösen Menschen zu der Zeit Jesu, bezeichneten sich gerne als Jünger des Gesetzesbundes. Der Gesetzesbund wurde durch Mose eingeführt; er war derjenige, der dem Volk die Zehn Gebote gegeben hat. Lies in Johannes 9,28, was die religiösen Führer zu dem Blinden sagten, der von Jesus geheilt worden war. *»Sie beschimpften ihn nun und sprachen: ›Du bist sein Jünger! Wir aber sind Moses Jünger‹.«* Wir sind Moses Jünger. Was bedeutet das? Es bedeutet, sie nahmen sich selbst als Menschen wahr, die sich dem Gesetzesbund ganz und gar zugehörig fühlten. Sie studierten das Gesetz Moses. Und als Schüler des Gesetzesbundes war in ihrem Verständnis kein Platz für die Botschaft Jesu und seine Kraft, die sich an einem sündigen Menschen unter dem Gesetz zeigte. Ein sündiger Mensch wie der blind geborene Mann war automatisch von Gott abgeschnitten und unfähig, Heilung zu empfangen. Es war für sie nicht nachvollziehbar, wie dieser Mann geheilt werden konnte. Sie waren in ihrer Denkweise gefangen und konnten Jesus nur eingeschränkt wahrnehmen.

Das macht das Leben unter dem Gesetz mit dir – es sperrt dich ein. Die zusammengekrümmte Frau sah ihre Behinderung unter dem Bund des Gesetzes als verdient an. Das hatte man ihr als Grundsatz beigebracht. »Ich muss etwas angestellt haben, um diese Behinderung zu verdienen.« Aber Jesus sagt, dass sie nicht unter diesem Bund steht. Sie ist eine »Tochter Abrahams«. Sie steht unter dem Bund der Verheißung und dem Bund des Segens, der durch den Glauben kommt. Abrahams Bund war ein Glaubensbund der Gnade. Es ist derselbe Bund, unter dem auch du stehst. Die Bibel sagt in Römer 4,3: *»Abraham aber glaubte Gott, und das wurde ihm als Gerechtigkeit angerechnet.«*

Als Jesus diese Frau sah und sie eine Tochter Abrahams nannte, sagte er damit: »Ich sehe dich als Abrahams Tochter; deshalb sehe ich dich als gerecht an, nicht als sündig. Ich sehe dich als gesegnet an, nicht als verflucht. Ich sehe dich als gesund an, nicht als krank. Ich sehe dich als gerechten Menschen.« So sieht Jesus seine Gemeinde. So sieht Jesus auch dich. Du hast das Geschenk der Gerechtigkeit erhalten. Dein Geist ist für immer verändert worden. Jesus sieht dich als gerecht an. Andere halten dich vielleicht für einen Versager, möglicherweise sogar du selbst. Gott weiß, dass wir Fehler machen, trotzdem sieht er uns als gerecht an. Und wir müssen unbedingt lernen, uns selbst und andere so zu sehen, wie Gott uns sieht. Jesus lehrt, wir sollen uns selbst verleugnen; wir sollen das Selbst ablehnen, das nicht mit dem übereinstimmt, was er über uns sagt. Wir sind es, die ihre Meinung über sich selbst ändern müssen. Gott wird seine Meinung nicht ändern, damit sie mit deiner übereinstimmt. In 2. Timotheus 2,12–13 heißt es: *»Wenn wir verleugnen* (wörtlich: »widersprechen«), *so wird er uns auch verleugnen* (widersprechen); *wenn wir untreu sind, so bleibt er doch* *treu; er kann sich selbst nicht verleugnen* (widersprechen).« Gott wird dir niemals zustimmen, dass du ein Sünder bist. Christus ist in dir! Du bist gerecht. Wenn du Gott in diesem Punkt widersprichst, wird er dir widersprechen, denn er wird niemals etwas sagen, das der Realität von Christus in dir widerspricht.

Die an Jesus Glaubenden sind Söhne und Töchter Abrahams, und sie sind Teil des Gnadenbundes. Du bist eine Tochter Abrahams, eine Teilhaberin am Gnadenbund. Gott sieht dich als Gerechte an. Du bist ein Sohn Abrahams, ein Teilhaber am Gnadenbund. Gott sieht dich als Gerechten an.

Diese Frau verkörpert die Gemeinde, die Teilhabende am neuen Bund. Aber irgendetwas stimmt nicht mit ihr. Das ist für jeden, der sie ansieht, deutlich erkennbar. Sie ist zusammengekrümmt. Ihr Kopf ist nach unten gebeugt, das Gesicht der Erde zugewandt. Ihre ganze Aufmerksamkeit ist auf den Staub und Schmutz gerichtet, auf dem sie läuft. Alles, was sie sieht, ist der schmutzige Boden – und was man auch noch ständig ansieht, wenn man gebeugt herumläuft, ist man selbst. Ihr Augenmerk ist nicht nach oben gerichtet. Ihr Blick geht nicht zum Himmel. Ihre Aufmerksamkeit ist nicht Jesus und dem zugewandt, was er getan hat und was er über sie sagt. Ihr Rücken ist völlig verwachsen – sie wurde in eine Haltung gezwungen, in der sie nur nach unten und auf den Schmutz blicken kann. Das ist nicht normal. Es ist nicht das, was Gott will. Aber es ist das, was man ihr über das Leben beigebracht hat.

»Sieh dir nur deine ganzen Sünden an. Mit den schrecklichen Dingen, die dir zugestoßen sind, will Gott dich etwas über deine Sünden lehren. Das Leben ist hart, und offen gesagt, geschieht es dir recht. Du kannst nicht gewinnen. Das Leben ist ein einziger großer Schmerz. Es gibt keine Antworten, und für dein Dilemma gibt es keine Lösung. Du bekommst, was du verdienst. Quäle dich durch, bis du stirbst, dann kommst du vielleicht wenigstens in den

Himmel.« Das ist es, was ich den Leuten zu sagen pflegte – so habe ich früher gedacht. Das Leben ist mies, also warte einfach auf den Himmel. Die gute Nachricht ist, dass du eines Tages sterben wirst. Nein, das ist nicht die gute Nachricht! Die *wahre* gute Nachricht ist: Jesus hat dir das Erbe Abrahams erworben. Der Apostel Paulus sagt in Galater 3,29: »*Wenn ihr aber Christus angehört, so seid ihr Abrahams Same und nach der Verheißung Erben.*«

Warum aber kann die verkrümmte Frau das nicht sehen? Warum kann sie nicht an der Heilung und dem vollen Erbe Abrahams teilhaben? Weil sie achtzehn Jahre lang einen Geist der Krankheit hatte. Jesus sagt in Vers 16: »*Diese aber, eine Tochter Abrahams, die der Satan, siehe, schon 18 Jahre gebunden hielt, sollte sie nicht von dieser Bindung gelöst werden am Sabbattag?*« Jesus sagt »siehe«, er betont es – er will, dass wir über diese 18 Jahre nachdenken. Weißt du, was da wirklich geschrieben steht? Was wir mit achtzehn übersetzen, ist nicht wirklich achtzehn (in einer einzigen Zahl). Im griechischen Grundtext heißt es »zehn und acht« (*deka kai octo*). Jesus sagt: »Denkt darüber nach, zehn und acht.« Zehn ist die Zahl des Gesetzes, der Zehn Gebote. Acht, in der hebräischen Numerologie, hat zwei Bedeutungen. Die Acht steht entweder für »überreichlich« oder »Neuanfang«. Sie ist entweder die Frau, in deren Leben das Gesetz überreichlich vorhanden ist, oder sie sucht nach einem Neuanfang durch das Gesetz. Sie ist die »Zehn-acht«-Frau. So oder so, sie versucht, ihre Heilung und Gottes Gunst zu erlangen, indem sie sich anstrengt, heilig zu leben.

Übertrage das auf die heutige Zeit. »Wenn ich es nur einen Monat lang jede Woche in die Kirche schaffe, dann wird Gott vielleicht wohlwollend auf mich herabblicken und meine Gebete erhören. Wenn ich nur aufhöre zu fluchen, wenn ich nur aufhöre zu trinken, wenn ich nur mehr bete oder mehr Menschen von Jesus erzähle, dann wird Gott vielleicht nicht mehr böse auf mich sein und ich werde ein besseres Leben haben.« Worauf richtet sich deine Aufmerksamkeit? Konzentriert sie sich auf Jesus und seine Leistung für dich, oder liegt sie auf dir selbst und deiner Leistung vor Gott? Worauf richtet sich die Aufmerksamkeit der verkrümmten, zu Boden gebeugten Frau? Ihr war nichts anderes beigebracht worden, als auf sich selbst zu schauen. »Schau auf deine Sünde. Sieh dir den Schmutz an! Bekenne deine Sünde, sieh nur, wie schlecht du dastehst. Sieh dir an, was du alles falsch gemacht hast.« Wie heißt der Geist, der auf dieser »Zehn-acht«-Frau liegt? Der Name des Geistes lautet »Verurteilung«.

Er hat sie all die Jahre gefangen gehalten, weshalb sie unfähig war, in die verheißene Ruhe einzutreten, die ihr Geburtsrecht ist. Das ist der Zustand der Gemeinde. Das ist der Zustand sehr vieler Gläubiger. Sie sind gläubig, aber man hat ihnen ihr ganzes Leben lang beigebracht, auf sich selbst und auf den Schmutz zu schauen. Sie glauben, doch sie sind in den Synagogen geblieben; ihr Handeln entspringt dem Leistungsdenken. Sie folgen dem Gesetz, laufen im Hamsterrad, getrieben von dem Wunsch, Gott zu gefallen – Tag für Tag strengen sie sich an; sie versagen, bekennen ihre Sünde, bitten um Vergebung und bemühen sich anschließend noch mehr um Gottes Gunst, nur um wieder zu versagen. Das passiert immer und immer und immer wieder.

Sieh dir die Geschichte dieser Frau an – an welchem Tag geschieht die Heilung? Am Sabbat. Es ist der Tag der Ruhe, der Tag der Versorgung. Doch diese Frau wurde nicht in die Freiheit dieser Ruhe und Versorgung entlassen. Das ist in vielen der Heilungen, die Jesus gewirkt hat, ein wichtiges Element. Jesus heilt am Sabbat. Und wieso? Weil der Sabbat ein Symbol ist: Wir ruhen von unseren Werken und überlassen uns der Versorgung durch Gott. Gott schuf Adam und Eva am Ende des sechsten Tages, als alles für sie vorbereitet war. Er hatte an alles gedacht, nichts fehlte;

für jedes Bedürfnis war vorausschauend gesorgt, sie mussten nur zugreifen. Sie wurden also am Ende des sechsten Tages erschaffen und traten sofort in die Sabbatruhe ein, in der von Gott schon für alles gesorgt war.

Volk Gottes, es ist der Sabbattag! Jeder Tag ist Sabbattag für die Kinder Abrahams. Die Segnungen gehören dir. Steh aufrecht. Schau nicht auf den Schmutz. Sieh nicht auf dich selbst. Werde dir deiner Gerechtigkeit bewusst. Er hat sie dir als Geschenk gegeben. Du kannst dein Streben nach Gottes Gunst aufgeben, denn du bist bereits begünstigt. Du kannst die Mühe um seine Anerkennung sein lassen, denn er hat bereits Freude an dir. Er freut sich nicht nur dann über dich, wenn du etwas für ihn tust oder aufgibst, sondern er freut sich *ständig* über dich, einfach weil du sein Sohn, seine Tochter bist. Entspanne dich und ruh dich aus! Für dich ist Sabbat. Und zwar an jedem Tag!

Wie soll die verkrümmte Frau nach Ansicht der religiösen Führer gesund werden? Sie wollen, dass sie durch ihr Tun gesund wird. Sieh dir an, was der Synagogenvorsteher in Vers 14 zu ihr und dem Rest der Anwesenden sagt: *»Es sind sechs Tage, an denen man arbeiten soll; an diesen kommt und lasst euch heilen, und nicht am Sabbattag!«* Wie soll man gesund werden? Durch eigene Arbeit und eigene Bemühungen. Und selbst wenn die Heilung kommt, sollst du trotzdem in diesem Leistungssystem eingesperrt bleiben.

Jesus antwortet mit einem Gleichnis. Das ist schön, denn es ist eine der wenigen Stellen, an denen man zu der Heilung auch noch ein Gleichnis dazubekommt, das hilft, die Heilung zu deuten. *Der Herr nun antwortete ihm und sprach: »Du Heuchler, löst nicht jeder von euch am Sabbat seinen Ochsen oder Esel von der Krippe und führt ihn zur Tränke? Diese aber, eine Tochter Abrahams, die der Satan, siehe, schon 18 Jahre gebunden hielt, sollte sie nicht von dieser Bindung gelöst werden am Sabbattag?«*

Jesus hätte jedes beliebige Tier als Beispiel verwenden können, aber er wählt die beiden Tiere, die für Arbeit stehen – den Ochsen und den Esel. Der Ochse wird hauptsächlich für die Arbeit auf dem Feld und in der Mühle eingesetzt. Der Esel ist das Arbeitstier, das die Lasten von einem Ort zum anderen trägt. Diese Tiere, sagt Jesus, sind vergleichbar mit dieser Frau. Sie sind in einem Stall eingesperrt, auf allen vier Seiten von Wänden umgeben und können nicht entkommen. Jesus sagt zu dem religiösen Führer: »Es ist deine Aufgabe, ihnen aus ihrer Enge herauszuhelfen und sie zum Wasser zu führen.« Am Sabbat, dem Tag, an dem sich die Menschen, die in der Knechtschaft der Sünde sind, in der Synagoge versammeln, um vom Herrn zu hören, ist es die Aufgabe der religiösen Führer, die Menschen aus der Enge herauszuholen und sie zu der Erfrischung zu führen.

Doch was tun diese Führer stattdessen? Sie verstärken die Wände, indem sie das Gesetz predigen. Sie halten die Menschen in einem Kreislauf aus Verurteilung und Buße gefangen. Jesus sagt: »Es ist der Sabbattag. Befreit das Volk! Befreit diese Frau! Sollte sie nicht an diesem Tag befreit werden? Führt sie zur Erfrischung! Sie kann nicht von sich aus dorthin gelangen. Das Volk muss zum Wasser geführt werden.« Wer ist das Wasser, das Erfrischung bringt? Jesus!!!

Aber am letzten, dem großen Tag des Festes stand Jesus auf, rief und sprach: »Wenn jemand dürstet, der komme zu mir und trinke! Wer an mich glaubt, wie die Schrift gesagt hat, aus seinem Leib werden Ströme lebendigen Wassers fließen« (Joh 7,37–38). Jesus sagte: »Komm zu mir, wenn du durstig bist. Ich bin das Wasser, das dich erfrischt!«

Denk mal darüber nach, was diese Frau befreit hat. Zu der Zeit Jesu war es anerkannte Theologie, dass Menschen durch eigenes Verschulden krank wurden, weil sie gesündigt hatten. Das ist im

Grunde das Gleiche, wie jemandem zu sagen, er sei deshalb krank, weil Gott ihm eine Lektion erteilen wolle. »Du stehst vor Gott mit deinem Leben nicht gut genug da, um Gesundheit verdient zu haben. Und Gott kann dich nur auf eine Weise belehren, nämlich indem er dir wehtut.« Deshalb: »Los, mein Sohn, leg deine Hand auf die heiße Herdplatte – das wird dich lehren, keine heißen Öfen anzufassen.« »Komm her, Kind, ich werde dich unter Wasser drücken, so lernst du, zum Spielen nicht allein in das Becken zu gehen.« »Ich werde dir ein Bein brechen, damit …« Und so weiter und so fort. Würde ein menschliches Elternteil so etwas tun, würden die Behörden es einsperren! Selbst sündige Menschen wissen, dass das falsch ist. Aber wir denken, bei Gott laufe es so.

Diese Frau sah auf ihre Sünden und war überzeugt, sie habe ihre Krankheit verdient, denn das war sie ihr ganzes Leben lang gelehrt worden. Und es gab nichts, wodurch sie sich hätte befreien können. *»Sie war verkrümmt und konnte sich gar nicht aufrichten«* (Vers 11). Sie konnte sich nicht aus eigener Kraft gesund machen.

Aber wie schaffte Jesus es? Mit einem Wort. *Als nun Jesus sie sah, rief er sie zu sich und sprach zu ihr: »Frau, du bist erlöst von deiner Krankheit!«* (Vers 12). Das Wort des Herrn macht dich frei. Dieses Wort, das dir sagt, wer du bist: Eine »Tochter Abrahams«, ein »Sohn Abrahams«. Es ist das Wort Jesu, das dem falschen Denken widerspricht und dir sagt: »Du bist nicht verflucht, du bist gesegnet. Du bist nicht gebunden, du bist frei. Du bist nicht verurteilt, dir ist vergeben.« Das ist das Wort, das von uns ausgesprochen werden muss. Jesus prangert nicht ihre Sünde an. Er ruft ihre Gerechtigkeit aus.

»Diese aber, eine Tochter Abrahams, die der Satan, siehe, schon 18 Jahre gebunden hielt, sollte sie nicht von dieser Bindung gelöst werden am Sabbattag?« (Vers 16). Die Sabbatruhe gehört den Kindern Gottes, und das an jedem Tag. Es ist Sabbat. Sei frei von dei-

nen Fesseln. Richte dich auf! Sei frei von deinen Beeinträchtigungen! Söhne Abrahams, ich erkläre euch für frei. Töchter Abrahams, ich erkläre euch für frei, im Namen Jesu.

Sei frei von Verdammung! Sieh nicht auf den Schmutz. Schau auf deinen Erlöser. Sieh nicht nach unten, sieh nach oben. Schau nicht auf dich, schau auf Jesus. Achte nicht darauf, wie andere dich bezeichnen. Achte darauf, wie Jesus dich nennt. Er erklärt dich für geheilt. Er erklärt dich für gesund. Er erklärt, dass dir vergeben ist. Hör auf, dich für deine Fehler zu bestrafen. Hör auf. Hör augenblicklich damit auf. Die Bibel sagt, dass Gott dir keine deiner Sünden anrechnet – niemals. Um zum Segen befreit zu sein, musst du zuerst von der Verurteilung befreit werden. Fang an, ihm dafür zu danken, dass er dich von der Verurteilung befreit hat. Freund, du entsprichst nicht der verkrümmten Frau. Du entsprichst der befreiten Frau. Du bist frei!

Kapitel 11

DIE VERKLÄRUNG JESU

Sechs Tage danach nahm Jesus Petrus, Jakobus und dessen Bruder Johannes beiseite und führte sie auf einen hohen Berg. Und er wurde vor ihnen verwandelt; sein Gesicht leuchtete wie die Sonne und seine Kleider wurden weiß wie das Licht. Und siehe, es erschienen ihnen Mose und Elija und redeten mit Jesus. Und Petrus antwortete und sagte zu Jesus: Herr, es ist gut, dass wir hier sind. Wenn du willst, werde ich hier drei Hütten bauen, eine für dich, eine für Mose und eine für Elija. Noch während er redete, siehe, eine leuchtende Wolke überschattete sie und siehe, eine Stimme erscholl aus der Wolke: Dieser ist mein geliebter Sohn, an dem ich Wohlgefallen gefunden habe; auf ihn sollt ihr hören. Als die Jünger das hörten, warfen sie sich mit dem Gesicht zu Boden und fürchteten sich sehr. Da trat Jesus zu ihnen, fasste sie an und sagte: Steht auf und fürchtet euch nicht! Und als sie aufblickten, sahen sie niemanden außer Jesus allein. Während sie den Berg hinabstiegen, gebot ihnen Jesus: Erzählt niemandem von dem, was ihr gesehen habt, bis der Menschensohn von den Toten auferweckt ist! — Matthäus 17,1–9 EÜ

Im Verlauf seines Dienstes gab es nur drei Ereignisse, bei denen Jesus sich persönlich dem Geschehen hingab: bei seiner Taufe, bei seiner Verklärung und bei seinem Tod. Bei jedem dieser drei Ereignisse geschah etwas, das für die Erfüllung seiner Mission von großer Wichtigkeit war. Bei seiner Taufe nahm er die Reinigung von deinen Sünden stellvertretend für dich entgegen. Bei seiner Kreuzigung nahm er deinen Platz als derjenige ein, der für deine Sünden bezahlte. Und bei seiner Verklärung nahm er deine Verherrlichung für dich an. Er zeigte nicht nur, wer *er* war, sondern auch, wer *du* in ihm sein würdest. Jesus sagt den Gläubigen, dass *»die Gerechten im Reich ihres Vaters wie die Sonne leuchten [werden]«* (Mt 13,43). Und hier, bei der Verklärung, sagt die Bibel, leuchtete das Gesicht Jesu wie die Sonne.

Bei der Verklärung geschieht daher Folgendes: Du und ich erhaschen einen Blick auf den verherrlichten Jesus, die zweite Person der Gottheit, in die jeder als Gläubiger hineingeboren wird. Du bekommst hier also nicht nur die Herrlichkeit der Gottheit zu sehen, die sich in Jesus offenbart, sondern dir wird auch deine wahre Identität in ihm gezeigt, denn *»wie er ist, so sind auch wir«* (1Joh 4,17). Im Geist bist du ein herrlicher Anblick, weil du mit Jesus verbunden bist. Paulus sagt, dass diejenigen, die in Christus sind, ein Geist mit ihm sind (Jesus hat seinen Geist mit dem deinen verbunden).

Es ist wahr – du bist in Christus und er ist in dir, und du sitzt mit ihm im Reich des Himmels. Die Bibel sagt es in Epheser 2,5–6 (LUT): *»Er hat uns mit auferweckt und mit eingesetzt im Himmel in Christus Jesus.«* Du darfst zusammen mit Jesus im Himmel sitzen. Du sitzt in diesem Moment neben dem Vater in der Herrlichkeit. Und der Vater sieht dich an und sieht nichts als Vollkommenheit. Er hat dir die Gerechtigkeit seines Sohnes gegeben und du bist für immer vollkommen gemacht – *»Denn durch dieses eine Opfer hat er alle, die er heiligt, für immer vollkommen gemacht«* (Hebr 10,14 NLB). Der Vater schaut dich gerade jetzt mit flammenden Augen der Liebe an und er sieht deine leuchtende Unschuld.

Nun gab es eine Zeit, in der du nicht zusammen mit Christus im Himmel gesessen bist. Tatsächlich war vor Jesu Tod und seiner Auferstehung gar kein Gedanke an etwas so Wunderbares wie das soeben Geschilderte. Deshalb sagt Jesus zu den Jüngern (als sie nach der Verklärung vom Berg hinuntersteigen): »Erzählt niemandem von dem, was ihr gesehen habt, bis der Menschensohn von den Toten auferweckt ist!« Und warum? Warum sollten sie es niemandem erzählen? Weil sie gerade einen Blick auf die Realität des Reiches Gottes erhascht hatten, die Jesus am Kreuz erkaufen würde. Sie bekamen für einen kurzen Moment Jesus in der Herrlichkeit zu sehen. Jesus verließ diese Herrlichkeit, um auf die Erde zu kommen. Was sie sahen, war die Herrlichkeit, auf die Jesus sich wieder zubewegte – die Herrlichkeit, die er dir und mir erwerben wollte. Das sind ganz erstaunliche Gedanken.

Versuche nun, dir die Geschehnisse am Schauplatz der Verklärung vorzustellen. Jesus nimmt nur seine drei engsten Jünger mit sich auf einen hohen Berg. Oben angekommen sehen sie, wie sich Jesu Gesicht und seine ganze Gestalt vor ihren Augen verändert. Der Vater offenbart die Herrlichkeit seines Sohnes und Jesus zeigt uns, wie er wirklich zu betrachten ist. Dann tauchen diese beiden Glaubenshelden auf: Mose und Elia, und sie beginnen mit Jesus zu reden.

Eines der ersten Dinge, die man sich fragen sollte, wenn man diese Geschichte liest, ist: »Warum Mose und Elia?« Warum nicht Abraham, der ein Vorläufer und Typus des modernen Gläubigen war, denn »Abraham glaubte Gott und es wurde ihm als Gerechtigkeit angerechnet«? Abraham wäre doch eine gute Wahl gewesen. Oder noch besser, Adam. So hätte man den ersten und den letzten Adam zusammen auf diesem Berg gehabt. Auch David (der Mann nach Gottes Herzen) wäre passend gewesen, oder Isaak, der als Bild für Jesus stand (den Sohn, der geopfert werden würde), genauso Joseph als weiteres Bild für Jesus, oder Henoch, der mit Gott wandelte. Gott hatte eine große Auswahl. Aber wen wählte er? Mose und Elia – weil Mose das Gesetz verkörpert und Elia für die Propheten steht. Und tatsächlich, als Jesus sagte, »sie haben Mose und die Propheten« (Lk 16,29), meinte er, sie haben das Gesetz und die Menschen, die sie zum Gesetz zurückriefen.

Mose war der, durch den das Gesetz kam. Er brachte dem Volk den ersten Bund – es war ein Bund, der im Hinblick auf die eigene Heiligkeit auf persönlicher Leistung basierte: Tue dies und du wirst gesegnet sein; mach was falsch und du wirst verflucht. Das ist der erste Bund. Unter ihm sind die Segnungen an Bedingungen geknüpft. Tue Gutes und du bekommst Gutes; tue Schlechtes und du bekommst Schlechtes. So funktioniert das Gesetz, das von Mose verkörpert wird, der nun leibhaftig vor Jesus auf dem Berg steht. Und wer ist bei ihm? Elia, der Prophet für echte Kerle, der Dampfhammer der Prophetie, der Vollstrecker. Elia ist der Vollstrecker des Gesetzes: »Du hältst dich an die Regeln, oder du stirbst!« Baals Propheten? Nicht in Gottes Land. Elia verkörpert das Gericht, das unweigerlich kommt, wenn das Gesetz gebrochen wird.

Mose und Elia sind der Doppel-Punch des ersten Bundes – der Gesetzgeber und der Gesetzesvollstrecker. Der eine brachte das Gesetz, der andere verwies die Menschen auf das Gesetz. Warum also sind Mose und Elia mit Jesus und den Jüngern dort oben auf dem Berg? Warum diese beiden? Weil sie Repräsentanten des ersten Bundes sind – dieses ganzen Systems des bedingten Segens, bei dem hinsichtlich der Heiligkeit die eigene Leistung darüber entscheidet, wie die Beziehung zu Gott aussieht. Das ist alles, was man unter dem alten Bund hatte: Wenn du die Gebote befolgst, wird Gott dich segnen. Überall in den Kirchen dieser Welt richten sich Menschen immer noch nach diesem Bund und vermischen ihn mit dem neuen Bund. Doch das Zeichen, das uns in der Verklärung gegeben wird, zeigt uns deutlich, dass man den alten und neuen Bund nicht miteinander vermischen kann. Man kann Mose und Jesus nicht miteinander verschmelzen.

Zu Jesu Zeiten war der alte Bund des Gesetzes der einzig geltende Bund. Für das Volk Gottes war er die einzige Möglichkeit, um mit Gott in Beziehung zu treten. Mose und Elia (die den Gesetzesbund verkörpern) sprechen mit Jesus auf dem Berg. Worüber reden sie? In Lukas' Bericht über die Verklärung in Kapitel 9, Vers 31 (NLB) heißt es: »*Sie sprachen darüber, wie er bald in Jerusalem sterben würde, um damit seinen Auftrag zu erfüllen.*« Sie sprachen über seinen Tod. Sie sprachen darüber, was sein Tod bewirken würde. Was hat der Tod Jesu laut der Bibel bewirkt? Sein Tod nagelte die Verordnungen des Gesetzes ans Kreuz. In Epheser 2,15 (ELB) heißt es: »*In seinem Fleisch hat [er] das Gesetz der Gebote in Satzungen beseitigt.*« Noch deutlicher steht es in Kolosser 2,14: »*Er hat den Schuldschein gegen uns gelöscht, den in Satzungen bestehenden, der gegen uns war, und ihn auch aus unserer Mitte fortgeschafft, indem er ihn ans Kreuz nagelte.*« Gern wird gesagt, unsere Sünden seien ans Kreuz genagelt worden. Die tiefere Wahrheit ist, dass der Bund des Gesetzes ans Kreuz genagelt wurde. Jesus schaffte diesen Bund ab, der uns in Verurteilung und Sünde gefangen hielt. Hol das Gesetz nicht wieder vom Kreuz herunter, so als könne es für Gott noch nützlich sein. Genauso gut könntest du dann sagen, Gott habe auch für deine Sünden noch Verwendung. Jesus hat durch seinen Tod den Bund des Gesetzes aufgehoben. Und genau *darüber* sprachen Mose, Elia und Jesus, nämlich was Jesus mit seinem Tod vollbringen würde.

Was Mose und Elia in die Welt brachten – dieses System, das die Beziehung zu Gott bestimmte – sollte vergehen. Es würde abgeschafft werden. Jesus ist nicht auf die Erde gekommen, um einen zweigleisigen Weg für den Umgang mit Gott zu schaffen: unsere

Gerechtigkeit kombiniert mit Christi Gerechtigkeit, unser Gehorsam gegenüber dem Gesetz gekoppelt mit Christi Gehorsam gegenüber dem Gesetz. Dadurch würde ein wenig Gesetz mit einer Prise Gnade vermengt. Was brächte das? Nun, Jesus hat es uns gesagt. Was bewirkt ein wenig Sauerteig? Er durchsäuert den ganzen Laib. Wenn du immer noch denkst, in deiner Beziehung zu Gott gehe es um dein Tun – ein bisschen Jesus, ein bisschen du –, dann verunreinigst du damit das Gesamte. Du musst dir selbst gegenüber sterben. Damit ist nicht gemeint, dass du dein irdisches Leben opfern sollst; es geht vielmehr darum, deine Eigenbemühungen, mit Gott ins Reine zu kommen, zu Grabe zu tragen. Jesus hat uns ein ganz neues System geschaffen, einen neuen und lebendigen Weg.

Mit dieser Begegnung auf dem Berg mit Jesus fiel der letzte Vorhang für Mose und Elia, für das Gesetz und dessen Vollstrecker (Gericht). Ein neuer Bund steht kurz davor, auf der Erde entfesselt zu werden: das Reich Gottes. Und in diesem Reich hörst du, was Jesus für dich getan hat, und glaubst es einfach. Der neue Bund besteht in einer Gerechtigkeit, die unabhängig vom Gesetz offenbart worden ist. Es ist eine Gerechtigkeit, die er dir auf simple Weise als Geschenk gibt, und du nimmst es einfach entgegen. Mit dem neuen Bund sagt Gott: »Ich vergebe dir alle deine Sünden – restlos – und streiche sie aus meinem Gedächtnis.« Der neue Bund bedeutet, dass Jesus mit nur einem Opfer alle Sünden ein für alle Mal beglichen hat und sich danach zur Rechten des Vaters *setzte*. Für alle deine Sünden, vergangene, gegenwärtige und zukünftige, hat Jesus bezahlt. Er hat dir einmalig vergeben, vor zweitausend Jahren, und seitdem ist Jesus nicht mehr im Sündenvergebungsgewerbe. Wenn du Jesus anflehst, dir zu vergeben, sagst du damit im Grunde, er habe beim ersten Mal, als er dir vergeben hat, keine gute Arbeit geleistet, und er könne sich *unmöglich* hingesetzt haben, denn schließlich sei der Job noch *nicht* erledigt!

Das sagt Hebräer 10,14 (NLB) über den neuen Bund: *»Denn durch dieses eine Opfer hat er alle, die er heiligt, für immer vollkommen gemacht.«* Nicht bis zum nächsten Mal, wenn du sündigst, sondern für immer. Unter dem neuen Bund hat er dich als Sohn, als Tochter dauerhaft angenommen und nichts und niemand kann dies rückgängig machen. Der neue Bund bedeutet, er hat seinen Geist in dich hineinlegt, sodass du kein Gesetz brauchst, das dich leitet, sondern sein Geist wird dir sagen, was du tun sollst. Es erstaunt mich, dass Pastoren sich auch heute noch an dieser Aussage reiben, so als könne man nicht darauf vertrauen, dass der Heilige Geist in den Menschen sie auch wirklich führt.

Du brauchst die Vorschriften des Gesetzes nicht mehr. Der Apostel Paulus sagt, dass du nicht mehr unter dessen Vormundschaft stehst. Was soll das heißen? Ich bin mir ziemlich sicher, dass es genau das bedeutet, was der Wortlaut sagt: Du stehst nicht mehr unter der Vormundschaft des Gesetzes. Hebräer 7 erklärt, dass Gott an diesem Bund etwas auszusetzen hatte und er deshalb diesen Bund für immer abgeschafft hat. Es gibt keinen bedingten Segen mehr, der auf deiner Leistung basiert, sondern in Christus hast du bereits jeden geistlichen Segen in den himmlischen Regionen empfangen. Die Bibel sagt, dass das Leben unter dem Gesetz Sünde in dir erzeugt, aber in der Gegenwart von Vater Gott zu leben, bewirkt Gerechtigkeit. Man kann diese beiden Systeme der Gottesbeziehung nicht vermischen.

Petrus, der Jünger, wird auf dem Berg Zeuge dieses unfassbaren Ereignisses. Er sieht diese drei Superhelden des Glaubens und sagt zu Jesus: »Jesus, wenn du dein Okay gibst, werde ich drei Hütten bauen, drei Tabernakel (das griechische Wort bedeutet »eine Stoffstruktur«; genau wie die Stiftshütte in der Wüste, die aus Stoff und Holz gemacht war). Jesus, ich werde drei Hütten bauen, in denen ihr wohnen könnt: eine für dich, eine für Elia und eine für

Mose.« Kaum hatten die Worte seinen Mund verlassen, schritt der Vater schon ein. Der Vater hörte, was Petrus redete, und reagierte unmittelbar, indem er Mose und Elia im Handumdrehen wegnahm, so als wollte er sagen: »Wage es nicht, Mose und Elia auf dieselbe Stufe mit meinem Sohn zu stellen. Wage es nicht, den Dienst des Gesetzes (den Bund des Gesetzes) auf dieselbe Ebene zu stellen wie den Dienst meines Sohnes.« Es sind nicht Mose *und* Jesus. Es ist *nur* Jesus. Und aus der Wolke ist die Stimme zu hören, die sagt (Vers 5): *»Dies ist mein geliebter Sohn, an dem ich Wohlgefallen habe; auf ihn sollt ihr hören!«* Nicht: »Das ist mein geliebter Sohn und das ist Mose, hört auf sie!« Nein, hört Jesus! Hört, was Jesus sagt! Hört ihn!

Petrus und Jakobus und Johannes hören diese klare Stimme aus der Wolke und sie zeigen eine interessante Reaktion, eine Reaktion, die ihnen unter dem Bund des Gesetzes anerzogen worden war. *»Als die Jünger das hörten, fielen sie auf ihr Angesicht und fürchteten sich sehr«* (Vers 6). Das war die ganz natürliche Reaktion von Menschen im Alten Testament, die Gott entgegentraten. Gott sagt nur etwas, und schon werden sie von Furcht befallen. Manche werden jetzt sagen: »Nun ja, so sollte es auch sein.« Nein, das sollte es nicht! Das ist ganz und gar nicht nach Gottes Wunsch, aber so läuft es unter dem alten Bund. Unter dem alten Bund bekommt man, was man verdient. Wenn man sündigt, erntet man Zorn. Paulus sagt: »Unter diesem Bund verdiente jeder den Zorn Gottes, weil alle sündigten.« Wenn du also weißt, dass du seinen Zorn verdient hast, wie reagierst du dann verständlicherweise, wenn Gott sich blicken lässt? Du wirst voller Furcht sein. Doch im Neuen Testament offenbart sich Gott als Liebe in Person, und die vollkommene Liebe vertreibt jede Furcht.

Wenn du also auf das vollbrachte Werk Jesu vertraust, dann ist es eine gesegnete und wunderbare Sache, die Stimme Gottes zu hören. Tatsächlich hören wir jeden Tag von ihm und freuen uns über seine Gegenwart. Aber wenn du unter dem Bund des Gesetzes zu Gott kommst (was viele Gläubige immer noch tun), wirst du in seiner Gegenwart nur Verurteilung empfinden. Wenn du genau wissen willst, unter welchem Bund du wirklich zu stehen glaubst, dann stell dir einfach mal vor, wie es für dich wäre, vor Gott zu stehen, wenn du in diesem Augenblick sterben würdest.

Du stehst vor dem Vater. Bist du von Furcht erfüllt? Bist du voller Angst? Fragst du dich, was mit dir geschehen wird? Falls das deine Empfindungen sind, dann vermischt du die beiden Bünde. Du fügst Jesus und Mose zusammen, womit du den neuen Bund verunreinigst und dich in eine Haltung bringst, die Angst und Verdammnisgefühle zur Folge hat. Du bemühst dich in deiner Beziehung zu Gott um ein heiliges Leben, anstatt allein auf das vollbrachte Werk Jesu in dir zu vertrauen.

Ich habe den größten Teil meines Lebens unter einer solchen Vermischung beider Bünde gelebt. Frieden sucht man darin vergeblich. Als ich noch zur Schule ging, arbeitete ich nebenher als Nachtportier in einem Motel. Ich habe diesen Job wirklich gehasst, denn ich war bis in die frühen Morgenstunden allein im Dienst, und zwangsläufig hat man es da auch mit ziemlich merkwürdigen Gestalten zu tun. Eines Tages lag ich nach einer beendeten Schicht schlafend im Bett und träumte. In meinem Traum stand ich hinter der Rezeption und ein Typ kam ins Motel, zog eine Waffe und knallte mich ab. Ich träumte, dass ich starb und mein Geist meinen Körper verließ und dass ich vor Gott stand. In meinem Traum wurden meine schlimmsten Befürchtungen wahr, denn der Vater richtete mich und schickte mich in die Hölle. Zum Glück wachte ich auf, bevor ich dort ankam! Aber ich war wie gelähmt vor Angst und Verzweiflung. So läuft es, wenn man sich selbst nach dem Gesetz richtet; ich schaffte es nie, gerecht gesprochen zu werden –

nie, nicht für einen einzigen Moment. Egal, wie viele gute Dinge ich zu tun versuchte, um das gute Verhältnis zu Gott aufrechtzuerhalten (oder überhaupt erst dahin zu gelangen), es reichte nie aus. Meine Beziehung zu Gott fußte auf dem alten Bund. Ich verschmolz Mose mit Jesus. Das ist nicht das wahre Christenleben. Es ist nicht das, was er für dich im Sinn hat. Doch es gibt Traditionen und Lehren in den Kirchen, die dich genau in diesem Zustand festhalten.

Hör dir an, was Gott tatsächlich für dich im Sinn hat. Er sprach aus der Wolke zu den Jüngern: *»Dies ist mein geliebter Sohn, an dem ich Wohlgefallen habe; auf ihn sollt ihr hören!«* Und wenn Gott schon sagt, dass wir auf Jesus hören sollen, denke ich, wäre es vielleicht weise, die darauffolgenden Worte aus dem Mund Jesu als wichtig zu erachten und auf sie zu hören. Was sagt Jesus als Nächstes? *Und Jesus trat herzu, rührte sie an und sprach: »Steht auf und fürchtet euch nicht!«* (Vers 7).

Das hier ist die Frucht des neuen Reiches: »Habt keine Angst vor Gott. Es gibt keinen Grund, sich vor dem Vater zu fürchten. Der alte Bund ist weg; Mose und Elia sind verschwunden. Steht auf. Kommt auf die Füße.« Stell dir das vor: Gott (in Jesus) zieht die Jünger auf die Füße, sodass sie auf neue Weise – in einer aufrechten Haltung – mit Gott in Beziehung treten können. In dieser Haltung hörst du seine Stimme und hast keine Angst. Du kannst als Mann, als Frau aufrecht stehen, denn als neue Schöpfung bist du völlig umgestaltet und Gott behandelt dich mit Würde.

Unter dem neuen Bund musst du nicht »kriecherisch« sein. Du bist kein Wurm. Du bist der Liebe des Vaters nicht unwürdig. Er *ist* Liebe. Und er hat sie über dich ausgegossen, indem Christus für uns gestorben ist, als wir noch Sünder waren. *»Denn Gott war in Christus und versöhnte so die Welt mit sich selbst und rechnete den Menschen ihre Sünden nicht mehr an«* (2Kor 5,19 NLB). Gott rechnet dir deine Sünden nicht mehr an. Das ist der neue Bund in Jesus. Er wird dir deine Sünden niemals vorhalten – nie, unter keinen Umständen. Er hat versprochen, niemals zornig auf dich zu sein. Egal, was du getan hast, was du tust oder tun wirst, Gott wird nicht böse auf dich werden. Hör mir genau zu: Gott ist nicht böse auf dich. Du kannst ihn nicht wütend auf dich machen.

Jesus nahm am Kreuz den vollen Zorn, der mit der Sünde einhergeht, auf sich selbst. Die ganze Empörung und der Zorn Gottes ergossen sich über ihn – solange, bis kein einziger Tropfen des Zorns mehr übrig war. Wenn Gott dich für deine Sünden richten wollte, müsste er sich bei seinem Sohn entschuldigen, von dem die Bibel sagt, dass er das Lamm Gottes ist, das die Sünden der Welt weggenommen hat. Hat er sie weggenommen oder nicht?

Begib dich nicht wieder unter den alten Bund, wo du einen endlosen Kreislauf des Sündigens und des Bekennens deiner Sünden durchläufst, um mit Gott ins Reine zu kommen. Dieses System des Umgangs mit Gott ist *anti*-christlich; es wirkt dem, was Gott in Jesus für dich getan hat, direkt entgegen. Dir ist bereits vergeben. Das ist das Zeichen seiner Liebe. Lass ihn diese Liebe in dich hineingießen. Du bist würdig. Du bist ihm angenehm. Du bist rein und heil. Hab keine Angst. Ob Mann oder Frau: Stell dich wieder auf deine Füße – du hast von ihm deine Würde zurückerhalten.

Du bist kein Sünder, der an die Sünde gekettet ist. Du bist fest mit der Gerechtigkeit verbunden. Du gehörst zu den Erlösten des Herrn. Das ist deine Identität. Darin liegt die Kraft für ein gerechtes, siegreiches Leben. Sie kommt aus dem Überfluss der Gnade. *»Die, welche den Überfluss der Gnade und das Geschenk der Gerechtigkeit empfangen, [werden] im Leben herrschen durch den Einen, Jesus Christus!«* (Röm 5,17). Hier steht *Überfluss der Gnade*, nicht ein bisschen Gnade und ein bisschen Gesetz. Im Eintauchen in die Gnade liegt deine Kraft, darin findet sich dein Sieg. Jesus gibt dir die Gerechtigkeit als Geschenk. Durch seinen Tod hat er dir dieses Geschenk erworben. Höre auf ihn. Hör auf, auf Mose zu hören. Hör auf, auf Elia zu hören. Höre nur auf Jesus.

Und du hörst ihn *ganz gewiss*, denn du wirst vom Heiligen Geist geleitet. Lass dir von niemandem etwas anderes einreden. Lass dich von niemandem zurück unter das System der bedingten Segnungen zwingen. Lass keine sogenannten Propheten in dein Leben sprechen, die dir sagen: »Wenn du gehorchst und dies und das tust, dann werde ich vom Himmel hören und meinen Segen über dich ausschütten.« Das ist alles Stroh und Stoppeln. Spuck es aus. Mir mundet das schon lange nicht mehr. Menschen, die in Jesus Gnade empfangen, finden an so was keinen Geschmack.

Einige Leute, die diese Worte lesen, empfinden die Gnade nicht als Genuss. Sie denken, sie schmecke schrecklich, aber das meinen sie nur, weil sie nie wirklich davon gekostet haben. Sie gestatten sich nicht, auch nur einen Bissen davon zu nehmen. Einmal schimpfte Jesus mit Petrus, als dieser gegen den neuen Bund aufbegehrte. Jesus sagte zu ihm: *»Weiche von mir, Satan! Du bist mir ein Ärgernis; denn du denkst nicht göttlich, sondern menschlich!«* (Mt 16,23). Die alte King-James-Bibel gefällt mir am besten und ich halte ihre Version für die genaueste Übersetzung dieses Verses aus dem Griechischen. Dort heißt es: »Du bist mir ein Ärgernis; denn du lässt dir nicht die Dinge Gottes munden, sondern die der Menschen.«

Dieses »munden lassen« bedeutet im Griechischen wörtlich »keinen Gaumen dafür haben«. Man hat keinen Gaumen für die Dinge Gottes, keinen Geschmack an den Kraftwirkungen des Geistes. Es schmecken einem nur die Dinge der Menschen, nur das, was aus menschlicher Kraft kommt, was man aus dem Fleisch heraus tun kann. Das klingt nach dem Gesetz, nicht wahr? Es fühlt sich vertraut an – lieber eine Liste von Geboten und Verboten, die man abarbeiten kann, als Gott im Geist gegenüberzutreten und sein in Jesus vollbrachtes Werk zu empfangen.

Menschen unter dem Gesetz, Menschen, die Mose und Jesus nebeneinanderstellen, finden keinen Geschmack an reiner Gnade; sie spucken sie aus. Auch ich war früher so. Ich tat es, weil ich gar nicht wissen wollte, wie es schmeckt. Ich dachte, eine Predigt, in der es nur um die in Christus offenbarte Liebe Gottes geht, sei Wischiwaschi-Gefasel. »Diese Predigt braucht mehr Biss!« Ich hatte ein Vorurteil, das durch Religion in mir entstanden war (nicht durch Gott, nicht durch die Bibel, sondern durch die Religion und die Traditionen der Menschen). Und genau solche Vorurteile halten Menschen davon ab, die volle Güte der Gnade Gottes zu schmecken. Wir sind daran nicht unbeteiligt. Wir bauen diese Vorurteile auf, die uns davon abhalten, das Leben so zu erleben, wie Gott es für uns vorgesehen hat. Dies gilt als Prinzip für alle Bereiche des Lebens.

Nur ein Beispiel: Wie ich gestehen muss, hatte ich eine große Abneigung gegen Hüttenkäse. Er sah eklig aus und roch auch eklig, wie ich fand. Wenn mich jemand fragte, ob ich etwas Hüttenkäse wolle, sagte ich: »Nein, ich hasse Hüttenkäse.« Doch in Wahrheit hatte ich Hüttenkäse nie wirklich probiert. Zwar hatte ich mal die Gabelspitze eingetaucht und sie bis zum Mund geführt, aber meine Voreingenommenheit hielt mich davon ab, wirklich davon zu kosten. Ich dachte, er sei schauderhaft … bis vor Kurzem. Ich hatte meine Ernährung gerade etwas umgestellt, um ein paar Kilos runterzubekommen. So kam es, dass ich beim Restaurantbesuch zum Frühstück ein Eiweiß-Spinat-Omelett mit Tomaten als Beilage bestellte. Nur wurde zu der Beilage automatisch auch Hüttenkäse serviert, was mich sehr störte. *Echt ekelerregend!*, dachte ich. Ich aß drum herum und war immer noch sehr hungrig. Und zwar so hungrig, dass ich das Undenkbare tat: Ich nahm mit meiner Gabel etwas Hüttenkäse auf und schob ihn mir tatsächlich in den Mund. *Hey, das ist nicht schlecht!*, dachte ich. *Der ist sogar richtig gut. Ich mag Hüttenkäse!* Und jetzt habe ich Geschmack daran gefunden – ich habe einen Gaumen dafür entwickelt.

Jesus sagt also zu Petrus: »Petrus, du musst einen Gaumen für die Dinge Gottes, die Dinge des Geistes entwickeln, denn das, was dir im Moment am besten schmeckt, sind die Dinge des Weltsystems, die Dinge des Fleisches.« Das Weltsystem heißt Karma. In diesem System sind alle gefangen: Ob Segen oder Fluch, wird durch meine Leistung bestimmt. Ich bitte dich deshalb, etwas zu probieren, das für dich vielleicht wie Hüttenkäse aussieht – aber koste einfach davon.

Sag zu dir selbst: »Jesus hat alle meine Sünden weggenommen – *jede* einzelne. Sünde ist zwischen mir und Gott kein Problem. Ich bin die Gerechtigkeit Gottes. Ich bin gerecht. Und Gott ist nicht böse auf mich. Ich bin sein Kind und er liebt mich. Er ist mein Papa. Ich gehöre für immer zu ihm. Er sieht mich als würdig an. Ich besitze bereits jeden Segen. Mir gehört seine Liebe. Ich habe seine Gesundheit. Ich besitze von allem genug – genügend Geld, genügend Glauben, genügend von allem. Jesus ist mein Anteil am Erbe. Ich bin in Frieden mit Gott. Gott ist in Frieden mit mir. Der Geist leitet mich. Für mich geht es an frische Gewässer und auf saftig-grüne Weiden. Ich sitze mit Christus an seinem Platz. Der Vater sieht mich an und ich habe keine Angst, denn er liebt mich. Er liebt mich. Er liebt mich. Der Vater liebt mich.«

Und – wie schmeckt dir das?

Kapitel 12

DIE AUFERWECKUNG DES LAZARUS

Ein Mann war krank, Lazarus aus Betanien, dem Dorf der Maria und ihrer Schwester Marta. Maria war jene, die den Herrn mit Öl gesalbt und seine Füße mit ihren Haaren abgetrocknet hatte; deren Bruder Lazarus war krank. Daher sandten die Schwestern Jesus die Nachricht: Herr, sieh: Der, den du liebst, er ist krank. Als Jesus das hörte, sagte er: Diese Krankheit führt nicht zum Tod, sondern dient der Verherrlichung Gottes. Durch sie soll der Sohn Gottes verherrlicht werden. Jesus liebte aber Marta, ihre Schwester und Lazarus. Als er hörte, dass Lazarus krank war, blieb er noch zwei Tage an dem Ort, wo er sich aufhielt. Danach sagte er zu den Jüngern: Lasst uns wieder nach Judäa gehen. Die Jünger sagten zu ihm: Rabbi, eben noch suchten dich die Juden zu steinigen und du gehst wieder dorthin? Jesus antwortete: Hat der Tag nicht zwölf Stunden? Wenn jemand am Tag umhergeht, stößt er nicht an, weil er das Licht dieser Welt sieht; wenn aber jemand in der Nacht umhergeht, stößt er an, weil das Licht nicht in ihm ist. So sprach er. Dann sagte er zu ihnen: Lazarus, unser Freund, schläft; aber ich gehe hin, um ihn aufzuwecken. Da sagten die Jünger zu ihm: Herr, wenn er schläft, dann wird er gesund werden. Jesus hatte aber von seinem Tod gesprochen, während sie meinten, er spreche von dem gewöhnlichen Schlaf. Darauf sagte ihnen Jesus unverhüllt: Lazarus ist gestorben. Und ich freue mich für euch, dass ich nicht dort war; denn ich will, dass ihr glaubt. Doch wir wollen zu ihm gehen. Da sagte Tho-

mas, genannt Didymus, zu den anderen Jüngern: Lasst uns mit ihm gehen, um mit ihm zu sterben!

Als Jesus ankam, fand er Lazarus schon vier Tage im Grab liegen. Betanien war nahe bei Jerusalem, etwa fünfzehn Stadien entfernt. Viele Juden waren zu Marta und Maria gekommen, um sie wegen ihres Bruders zu trösten. Als Marta hörte, dass Jesus komme, ging sie ihm entgegen, Maria aber blieb im Haus sitzen. Marta sagte zu Jesus: Herr, wärst du hier gewesen, dann wäre mein Bruder nicht gestorben. Aber auch jetzt weiß ich: Alles, worum du Gott bittest, wird Gott dir geben. Jesus sagte zu ihr: Dein Bruder wird auferstehen. Marta sagte zu ihm: Ich weiß, dass er auferstehen wird bei der Auferstehung am Jüngsten Tag. Jesus sagte zu ihr: Ich bin die Auferstehung und das Leben. Wer an mich glaubt, wird leben, auch wenn er stirbt, und jeder, der lebt und an mich glaubt, wird auf ewig nicht sterben. Glaubst du das? Marta sagte zu ihm: Ja, Herr, ich glaube, dass du der Christus bist, der Sohn Gottes, der in die Welt kommen soll. Nach diesen Worten ging sie weg, rief heimlich ihre Schwester Maria und sagte zu ihr: Der Meister ist da und lässt dich rufen. Als Maria das hörte, stand sie sofort auf und ging zu ihm. Denn Jesus war noch nicht in das Dorf gekommen; er war noch dort, wo ihn Marta getroffen hatte. Die Juden, die bei Maria im Haus waren und sie trösteten, sahen, dass sie plötzlich aufstand und hinausging. Da folgten sie ihr, weil sie meinten, sie gehe zum Grab, um dort zu weinen.

Als Maria dorthin kam, wo Jesus war, und ihn sah, fiel sie ihm zu Füßen und sagte zu ihm: Herr, wärst du hier gewesen, dann wäre mein Bruder nicht gestorben. Als Jesus sah, wie sie weinte und wie auch die Juden weinten, die mit ihr gekommen waren, war er im Innersten erregt und erschüttert. Er sagte:

Wo habt ihr ihn bestattet? Sie sagten zu ihm: Herr, komm und sieh! Da weinte Jesus. Die Juden sagten: Seht, wie lieb er ihn hatte! Einige aber sagten: Wenn er dem Blinden die Augen geöffnet hat, hätte er dann nicht auch verhindern können, dass dieser hier starb? Da wurde Jesus wiederum innerlich erregt und er ging zum Grab. Es war eine Höhle, die mit einem Stein verschlossen war. Jesus sagte: Nehmt den Stein weg! Marta, die Schwester des Verstorbenen, sagte zu ihm: Herr, er riecht aber schon, denn es ist bereits der vierte Tag. Jesus sagte zu ihr: Habe ich dir nicht gesagt: Wenn du glaubst, wirst du die Herrlichkeit Gottes sehen? Da nahmen sie den Stein weg. Jesus aber erhob seine Augen und sprach: Vater, ich danke dir, dass du mich erhört hast. Ich wusste, dass du mich immer erhörst; aber wegen der Menge, die um mich herumsteht, habe ich es gesagt, damit sie glauben, dass du mich gesandt hast. Nachdem er dies gesagt hatte, rief er mit lauter Stimme: Lazarus, komm heraus! Da kam der Verstorbene heraus; seine Füße und Hände waren mit Binden umwickelt und sein Gesicht war mit einem Schweißtuch verhüllt. Jesus sagte zu ihnen: Löst ihm die Binden und lasst ihn weggehen! — Johannes 11,1–44 EÜ

Das letzte Wunder, das Jesus vor seinem Tod wirkte, war die Auferweckung Lazarus' von den Toten, und es birgt ein fantastisches, ehrfurchtgebietendes Zeichen. Konzentriere dich nicht nur auf das Wunder. Denk daran, das Wunder ist nicht die Botschaft. Doch wie lautet die Botschaft? Johannes 11,1 liefert den Kontext: »Es war aber einer krank, Lazarus von *Betanien aus dem Dorf der Maria und ihrer Schwester Martha.*«

Lazarus, Maria und Martha sind Geschwister und sie leben in der Stadt Betanien. Genaugenommen nennt die Bibel den Wohnort, um Lazarus eindeutig zu beschreiben. Er ist Lazarus von Betanien. Betanien ist eine kleine Stadt, etwa eineinhalb Kilometer östlich von Jerusalem. Interessanterweise entwickelte Betanien sich mit der Zeit zu einer Stadt für die Kranken. Es gibt sogar archäologische Belege dafür, dass in Betanien eine Leprakolonie existierte. Im Markusevangelium lesen wir davon, wie Jesus Simon, den Aussätzigen »von Betanien«, heilt. Wie du vielleicht weißt, konnte man nicht leprakrank sein und trotzdem in Jerusalem, der heiligen Stadt, leben. Ein Aussätziger war zugleich auch ein Ausgestoßener. Ein Aussätziger zu sein bedeutete (in der Vorstellung der religiösen Menschen), dass man große Fehler gemacht und auf ganzer Linie versagt hatte, weswegen Gott einem dieses Leiden auferlegte.

Aussätzige galten als »unrein«. Unrein zu sein bedeutete, man war ungeeignet, Gott anzubeten. Man hatte in Gottes Gegenwart nichts verloren. In Jerusalem wurde ein Gesetz erlassen, das besagte, dass im Umkreis von dreitausend Ellen um die Heilige Stadt nichts Unreines zu sehen sein durfte. Dreitausend Ellen sind etwa 1,8 Kilometer, etwas mehr als eine Meile. Also durfte sich im Umkreis von gut einer Meile rund um die Heiligen Stadt nichts Unreines blicken lassen. Betanien liegt direkt außerhalb dieser Bannmeile. Näher konnten unreine Menschen dem heiligen Jerusalem nicht kommen. Und dorthin, in diese Stadt Betanien, kamen die Aussätzigen und Kranken aus ganz Judäa in ihrem Bemühen, dem Tempel, Gott und seiner Gegenwart, so nahe wie möglich zu kommen. Doch sie konnten nie ganz ankommen, wurden nie angenommen. Die Gesetze des alten Bundes und die Tempelgesetze waren eine ständige Erinnerung an ihre Unreinheit, ihre Unannehmbarkeit vor Gott. Und ganz gleich, wie sehr sie sich bemühten, egal, wie sehr sich ihr Herz danach sehnte, an der heiligen Stätte zu sein, konnten sie doch nie dorthin gelangen. Der Name der Stadt, Betanien, bedeutet »Haus des Elends«.

Ich kenne persönlich Leute und habe auch Angehörige in meiner eigenen Familie, die in einer Art Betanien leben. Sie versuchen, heilig zu leben, und ihr Herzenswunsch ist es, Gott wohlgefällig und für ihn annehmbar zu sein, aber tief im Inneren wissen sie, was für Sünder sie sind. Sie kennen ihre Fehler, sie kennen ihre Unreinheit, und um die Wahrheit zu sagen, sie glauben, dass die Tragödie, die mit so viel Schmerz verbunden ist, oder die Krankheit, die ihnen die Freude raubte, von Gott kommt, der ihnen – aus gutem Grund – eine Lektion erteilen will. Sie mögen zwar zu Gott schreien: »Gott, womit habe ich das nur verdient?«, aber tief im Inneren sind sie fest davon überzeugt, ihr Elend verdient zu haben. An diesem Ort, in Betanien, wo du niemals gut genug bist und wo du glaubst, deine Krankheit komme von Gott, gibt es reichlich Elend.

Wenn du glaubst, dass deine Krankheit von Gott kommt, wie kannst du dann jemals mit Zuversicht beten und glauben, dass Gott dich gesund sehen will? Wenn du wirklich glaubst, dass Gott dir die Krankheit auferlegt hat – und zwar deshalb, weil er dir damit eine Lektion erteilen will –, wie kannst du dann um Heilung beten? Ein solches Gebet um Heilung würde sich gegen den Willen Gottes für dich richten. Denn wenn du wirklich glaubst, dass Gott dich krank gemacht hat, solltest du lieber dafür beten, dass die Krankheit (als Wille Gottes) in dir zur Vollendung gelangt und du so schnell wie möglich stirbst. Du solltest dir dann eine Gemeinde suchen, die das glaubt. Und wenn du dort für dich beten lässt, können sie dir die Hände auflegen und beten: »Herr, lass den Krebs in dieser Person zur Vollendung gelangen. Wir beten, dass er an Stärke zunimmt und sie einfach umbringt, damit dein vollkommener Wille erfüllt wird.« Wenn du glaubst, dass Krankheit von Gott kommt, solltest du zumindest konsequent sein und nicht um Heilung bitten.

Die Bibel sagt in Hebräer 1,3 (NLB), dass Jesus *»ein Ausdruck des Wesens Gottes«* ist. Wenn du wissen willst, wie der Vater ist, sieh dir Jesus an. Jesus hat nie auch nur eine einzige Person krank gemacht, um ihr eine Lektion zu erteilen, nicht einmal die Pharisäer, die ihn hassten und seinen Dienst ablehnten. Er verpasste keiner einzigen Person eine Krebserkrankung als Liebesbeweis von Gott, um sie näher zu ihm zu ziehen. Nein! In den Evangelien heißt es immer wieder: »Er heilte sie alle.« Deine Krankheit ist nicht von Gott. Krankheit ist ein Teil des Fluches. Bitte glaube das. Gott will, dass du gesund bist. Er liebt dich.

Der alte Bund, den Gott mit Israel schloss, war ein auf Leistung basierender Bund – »wenn du alle meine Verordnungen hältst, wirst du in jeder Hinsicht gesegnet, und wenn du es nicht tust, dann wirst du verflucht«. Alles hing vom eigenen Wohlverhalten ab, und wenn man etwas angestellt hatte, musste man diese Sünde durch ein Opfer abdecken, sonst würde etwas Schlimmes passieren. Das war der alte Bund. Der neue Bund sieht ganz anders aus. Jesus kam, um uns den neuen Bund zu bringen. Er kam, um dir eine neue Art der Beziehung zu Gott zu ermöglichen, die nicht von deinen Bemühungen um Heiligkeit abhängt, sondern ganz von Jesus und *seiner* Heiligkeit.

Ich habe den Eindruck, dass die meisten Christen und die Mehrzahl der Kirchen von der Lehrmeinung überzeugt sind, man müsse hart daran arbeiten, ein heiliges Leben zu führen, um die Beziehung zu Jesus aufrechtzuerhalten; und wenn man Mist gebaut hat, muss man diese Sünde unter das Blut bringen, man muss sie bekennen und Buße tun. Du musst dich von dieser Sünde abwenden und Gott zeigen, dass du es ernst meinst, und dann wirst du wieder in einen Zustand der Reinheit vor Gott versetzt, sodass du für ihn wieder annehmbar bist. Nein, so funktioniert der neue Bund nicht. Der neue Bund sieht so aus: Jesus hat die ganze Arbeit getan – das

Werk ist vollbracht. Mit einem einmaligen Opfer – ihm selbst – hat er für jegliche Sünde bezahlt, die du in deinem Leben jemals begehen wirst. Die Sache mit der Sünde ist erledigt. Wenn du etwas falsch machst, bist du als ein an Jesus und sein vollbrachtes Werk glaubender Mensch immer noch in makelloser Gemeinschaft mit Gott und er will dein Sündenbekenntnis nicht hören.

Das kommt in der biblischen Geschichte vom verlorenen Sohn deutlich zum Ausdruck. Der Sohn, der ungehorsam gewesen war, wollte seine Sünde bekennen und erklären, wie unwürdig er war, Sohn genannt zu werden. Doch der Vater ignorierte ihn völlig. Er unterbrach ihn und segnete ihn. Der Vater wollte davon nichts hören. Mach dich von der Vorstellung los, deine Sünden stünden deiner Beziehung zu Gott im Wege. Lebe nicht länger im Schatten des alten Bundes. Das bringt dir nichts als Elend, denn wenn du denkst, du müssest dich um Heiligkeit bemühen, um den Frieden mit Gott aufrechtzuerhalten, wirst du Gott gegenüber nie Frieden empfinden. Willkommen in der Stadt Betanien, so sieht das Leben dort aus! Die meiste Zeit meines Erwachsenenlebens habe ich in Betanien verbracht, im Haus des Elends. Aber Jesus kam und befreite mich.

Zurück zu unserer Geschichte: *»Maria war jene, die den Herrn mit Öl gesalbt und seine Füße mit ihren Haaren abgetrocknet hatte; deren Bruder Lazarus war krank«* (Vers 2). Johannes, der Verfasser dieses Evangeliums, dachte wohl, man müsse dieses kleine Detail kennen, um das Zeichen verstehen zu können. Und tatsächlich, wenn du es richtig interpretierst, verstehst du das ganze Zeichen. Johannes führt also aus, Lazarus' Schwester Maria habe Jesu Füße mit Öl gesalbt. Es geschah während des Abendessens. Maria kam zu Jesus, brach das Wachssiegel einer Flasche teuren Parfüms und salbte seine Füße. Jesus sagte, sie tue das als Salbung für sein Begräbnis. Er war noch nicht gestorben, aber sie salbte seine Füße prophetisch, so als wäre er schon tot und sein Opfer für die Sünde bereits vollbracht.

Interessanterweise hat diese Salbung zum Zeitpunkt ihrer Erwähnung in Lazarus' Geschichte noch gar nicht stattgefunden. Lazarus wird in Kapitel 11 auferweckt. Jesu Füße werden erst in Kapitel 12 für sein Begräbnis gesalbt. Aber Johannes fügt diese Begebenheit hier ein, als sei sie bereits eine beschlossene Sache. Das vollbrachte Werk Jesu, das noch nicht geschehen war, findet Anwendung auf Lazarus und seine Geschichte. Mit anderen Worten, dieses Wunder von Lazarus' Auferweckung ist eine Geschichte über das vollbrachte Werk Christi, das den Menschen gilt. Lazarus – das bist du. Hier wird geschildert, was unter dem neuen Bund Jesu geschieht.

Hier ist die chronologische Abfolge der Geschichte: Jesus ist auf der anderen Seite des Jordans, dort wo Johannes getauft hat; Jesus ist somit etwa eine Tagesreise von Betanien entfernt, wo Lazarus, Maria und Martha sind. Ein Bote wird ausgesandt, der etwa einen Tag braucht, um Jesus zu erreichen. Jesus erhält die Nachricht und wartet zwei Tage. *»Als er hörte, dass Lazarus krank war, blieb er noch zwei Tage an dem Ort, wo er sich aufhielt«* (Vers 6). Das ist seltsam, nicht wahr? Findest du es nicht vielleicht sogar ein bisschen grausam, dass Jesus wartet? Nach zwei Tagen macht er sich auf den Weg nach Betanien und braucht bis dorthin einen weiteren Tag. Wie wir erfahren, liegt Lazarus bereits seit vier Tagen im Grab, als Jesus in Betanien ankommt.

Lass uns mal nachdenken: Man schickt an Jesus die Nachricht, dass Lazarus krank ist. Darüber vergeht ein Tag. Jesus wartet noch zwei weitere Tage, bevor er sich auf den Weg macht. Das sind drei Tage. Dann ist er auf der eintägigen Reise nach Betanien. Das macht insgesamt vier Tage. Also, wann starb Lazarus? Lazarus starb an dem Tag, als der Bote mit der Nachricht von seiner Erkrankung geschickt wurde. Als Jesus die ursprüngliche Nachricht erhielt, war Lazarus bereits tot. War es also grausam von Jesus, zwei weitere Tage zu warten, bevor er Lazarus zu Hilfe kam? Nein, Lazarus war tot, und die Verzögerung hat ihn nicht toter gemacht.

Wenn du tot bist, dann bist du tot. Mittlerweile hätte die Verwesung des Körpers eingesetzt. Tatsächlich ist Vers 39 einer meiner Lieblingsverse in der Bibel, besonders in der Version, wie er in einigen Übersetzungen zu lesen ist, als Jesus Martha auffordert, den Stein zu entfernen und sie zu ihm sagt: »Herr, er stinkt schon« (LUT). Und genau deshalb hatte Jesus sich so viel Zeit gelassen. Lazarus ist tot – mausetot. Niemand würde das für ein Scheinwunder halten, als wäre er vielleicht nur in Ohnmacht gefallen und irrtümlich begraben worden und sei nun in der Kühle des Grabes wieder aufgewacht. Nein, Lazarus stinkt. Er schläft nicht, sodass man ihn nur wecken müsste.

Die Jünger (die nicht verstehen, dass Lazarus gestorben ist) sagen zu Jesus: *»Herr, wenn er schläft, dann wird er gesund werden«* (Vers 12). Das Wort, das hier mit »gesund werden« übersetzt ist, lautet *sozo* – was »retten« bedeutet. Herr, wenn er schläft, wird er *sozo* (gesund werden), er wird von selbst aufwachen, er wird sich selbst retten. Nein, es gibt keine Selbstrettung. Menschen, die unter dem Gesetz leben, sind tot. Wir stinken ohne Jesus. Das Gesetz (deine Bemühungen, mit Gott ins Reine zu kommen) rettet dich nicht. Du kannst nicht aufwachen und dich durch eigene Anstrengung retten. Das Gesetz tötet dich einfach. Der Stachel des Todes ist die Sünde und die Kraft der Sünde ist das Gesetz. Das Gesetz Gottes, all deine Bemühungen, Gutes zu tun und auf dem richtigen Weg zu bleiben, offenbaren nur, wie tot du bist. Werde diesen Bund los. Höre damit auf, deine Beziehung zu Gott selbst aufrechterhalten zu wollen. Nimm Jesus an und werde zu neuem Leben erweckt.

Wir reden hier über Auferstehung. Hier geht es darum, von einem toten in einen lebendigen Zustand gebracht zu werden. Was genau könntest du als Toter zu deiner Belebung beitragen? Es gibt für eine tote Person nur eine Voraussetzung, um zu neuem Leben erweckt werden zu können: Sie muss tot sein. Wenn du von einer toten Person mehr als das verlangst, dann mach dich auf eine herbe Enttäuschung gefasst. Wenn du aber tot bist, wie schwer ist dann das Totsein für dich? Es ist überhaupt nicht schwer. Und jetzt rate mal – genau das ist die Rolle, die du bei deiner Erweckung zu neuem Leben spielst!

Jesus kommt und bringt die Auferstehung mit. Jesus erreicht Betanien, und Martha kommt zu ihm heraus. Jesus sagt: *»Dein Bruder wird auferstehen.«* Sie erwidert: *»Ich weiß, dass er auferstehen wird bei der Auferstehung am Jüngsten Tag«* (Vers 24). Sie weist auf das Ende der Zeit hin, auf den Tag des Herrn, wenn Jesus wiederkommt und wir alle einen neuen Körper bekommen. Sie verweist auf die Zukunft. Doch worauf verweist Jesus? Auf das Hier und Jetzt.

Die Antwort Jesu lautet: *»Ich bin die Auferstehung und das Leben«* (Vers 25). Nicht: »Ich werde die Auferstehung und das Leben sein.« Nein, ich bin es jetzt, in diesem Moment; wo ich stehe, wohin ich gehe und in welcher Umgebung ich auch bin – ich bin Auferstehung und ich bin Leben. Das »Leben«, von dem Jesus hier spricht, bezieht sich nicht auf die bloße Existenz. Jesus beschreibt es später als überfließendes Leben, als frohes, gutes Leben, das vor Güte überquillt. Krankheit ist kein gutes Leben. Jesus bringt gutes Leben. Der Moment, in dem ich anfing, das tatsächlich zu glauben, kennzeichnet den Tag, an dem sich mein Leben veränderte. Gott will, dass ich ein gutes Leben habe, kein schlechtes Leben – ein gutes Leben voller Freude und ein überfließendes Maß an allen guten Dingen. Güte und Barmherzigkeit werden mir alle Tage meines Lebens folgen.

Hör auf, die Auferstehung als etwas zu betrachten, das irgendwann einmal in ferner Zukunft passieren wird, wenn du einen neuen, unsterblichen Körper bekommst! Wenn du an Jesus glaubst, hat die Auferstehung bereits stattgefunden. Deshalb sagte Jesus: »*Und jeder, der lebt und an mich glaubt, wird auf ewig nicht sterben*« (Vers 26). Wenn du niemals stirbst, brauchst du auch keine Auferstehung. Das ist die logische Folge dieser Aussage. Wenn du an Jesus glaubst, hat er dich bereits vom Tod zum Leben auferweckt. Es ist ein Phänomen der Gegenwart!

Epheser 2,5–6 (LUT) sagt es ganz deutlich: »Auch uns, die wir tot waren in den Sünden, mit Christus lebendig gemacht – *aus Gnade seid ihr gerettet –; und er hat uns mit auferweckt und mit eingesetzt im Himmel in Christus Jesus.*« Er hat uns auferweckt – Vergangenheitsform. Sowie du glaubtest, wurdest du von den Toten auferweckt.

Kolosser 2,12 (LUT): »*Mit ihm seid ihr begraben worden in der Taufe; mit ihm seid ihr auch auferweckt durch den Glauben aus der Kraft Gottes, der ihn auferweckt hat von den Toten.*« Warte nicht länger auf die Auferstehung und auf diesen einen Tag in ferner Zukunft, an einem anderen, weit entfernten Ort, an dem alles Falsche in deinem Leben in Ordnung gebracht wird. Alles ist bereits in Ordnung gebracht. Deine Auferstehung hat bereits stattgefunden. Du bist zu einem neuen Leben erweckt worden. Jesus ist in dir. »Ich bin die Auferstehung und das Leben.« Wann? Jetzt! »*Ich bin die Auferstehung und das Leben. Wer an mich glaubt, wird leben, auch wenn er stirbt, und jeder, der lebt und an mich glaubt, wird auf ewig nicht sterben. Glaubst du das?*« (Verse 25–26). Nun, das ist der springende Punkt – wenn du nicht glaubst, dass du bereits auferweckt worden bist und mit Christus im Himmel sitzt, wenn du nicht glaubst, dass mit seinem Tod das Sündenproblem deines gesamten Lebens gelöst wurde, und wenn du nicht glaubst, dass du Lazarus bist, derjenige, den Jesus liebt, bleibt dir das überfließende, freudige Leben im Hier und Jetzt versagt.

Du wirst dich dann immer fragen, ob du gut genug bist, um Gottes Segen zu verdienen, und du wirst dir ständig Gedanken machen, ob Gott wegen dem, was du getan hast, böse auf dich ist. Unter dem neuen Bund in Jesus kannst du gewiss sein, dass Gott nicht böse auf dich ist und es auch niemals sein wird. Der neue Bund bedeutet, dass es für diejenigen, die in Christus sind, keine Verdammnis mehr gibt, niemals. Unter dem neuen Bund wird er dir deine Sünden niemals, zu keiner Zeit, anrechnen bzw. vorhalten. Und genauso wichtig: Der Bund hat dir ein brandneues Leben geschenkt, das voller Auferstehungskraft ist.

Sehr viele Leute denken, dass Jesus Menschen, die gläubig werden, einfach nur eine zweite Chance gibt, ihr Leben richtig zu leben – so als habe er die Tafel saubergewischt und nun könne man es mit dem heiligen Leben noch einmal versuchen. Nein. Die Schiefertafel deiner Verfehlungen wurde nicht nur saubergewischt. Sie wurde zerbrochen und entsorgt. Und bei dem neuen Leben, das du nun lebst, geht es nicht darum, deine Heiligkeit beizubehalten; es geht darum, voller Freude in der Liebe des Vaters und seiner Versorgung für dich zu leben und dich nie wieder zu fragen, ob du für den Vater annehmbar bist. Es ist ein frohes Leben in der Liebe deines Vaters, das dir die Kraft gibt, gegen Krankheit und den Fluch einer gefallenen Welt zu bestehen. In dir ist übernatürliche Auferstehungskraft, die dich gesegnet und nicht verflucht leben lässt. All das beinhaltet das neue Leben, zu dem Jesus dich erweckt hat. Auferstehungskraft ist übernatürliche Kraft. Und genau die befindet sich in dir. Es liegt nicht in deiner Macht, dich wohl zu verhalten und Gutes zu tun. Es ist Gottes Kraft, die dich mit alldem segnet.

Wie es in Römer 8,11 (HFA) heißt: *»Ist der Geist Gottes in euch, so wird Gott, der Jesus Christus von den Toten auferweckt hat, auch euren vergänglichen Körper lebendig machen* [mit derselben Auferstehungskraft]; *sein Geist wohnt ja in euch.«* Damit ist dein Körper gemeint. Jesus hat seinen Geist mit deinem Geist verbunden, wodurch er deinen Geist von den Toten auferweckte. Und diese Kraft der leiblichen Auferstehung ist in diesem Moment in dir und versorgt dich genau jetzt mit Gotteskraft, heilt dich jetzt und segnet dich jetzt. Jesus sagte: »Ich bin die Auferstehung. Ich bin das Leben.« Glaubst du das? Glaubst du ihm? Die Botschaft dieses Wunders ist die, dass du Lazarus bist. Du bist von den Toten auferweckt worden.

Was jetzt kommt, ist sehr wichtig. Jesus ging zu Lazarus' Grab. Der Stein, der die Gruft verschloss, wurde entfernt. Und Jesus rief mit lauter Stimme: »Lazarus, komm heraus!« Weißt du, warum Jesus Lazarus ausdrücklich beim Namen nannte? Dies war ein Familiengrab. Es war eine Gruft mit Nischen, in denen die Angehörigen abgelegt wurden. Wenn Jesus nicht ausdrücklich Lazarus' Namen gerufen hätte, wären alle dort bestatteten Toten herausgekommen. Lazarus kam heraus, sein Leben und sein Körper wurden wiederhergestellt. Genau das passiert, wenn Menschen an den Namen Jesu glauben – sie empfangen neues Leben. Aber ohne Gottes Volk, das die gute Nachricht verbreitet, werden sie nicht in der Lage sein, ihr neues Leben in Christus voll auszukosten.

Lazarus kam schlurfend aus dem Grab heraus. Das wissen wir, weil er in Grabtücher gewickelt war. Das griechische Wort, das in Vers 44 verwendet wird, bedeutet wörtlich »Wickeltuch«. Es war ein Tuch, das um seinen Körper gewickelt war, genau wie bei einer Mumie. Und sein Gesicht war, wie zu lesen ist, in ein extra Tuch gehüllt. Kannst du dir das wie einen Schleier vorstellen, der entfernt werden muss? Es ist die Kleidung, die tote Menschen tragen, doch Lazarus ist nicht tot. Jesus hat ihn lebendig gemacht. Aber er trägt immer noch Totenkleider.

Wiedergeborene Gläubige, die versuchen, Gott mit ihren Werken zu gefallen und ihn zu besänftigen, halten sich für unwürdig. Sie sind mit der Verurteilung durch das Gesetz umwickelt. Ich kenne sehr viele Gläubige, die wiedergeboren sind, die in Jesus lebendig gemacht wurden, die aber immer noch in Selbstverurteilung verschnürt sind. Ich sage Selbstverurteilung, weil es nicht Gott ist, der sie verurteilt. Sie verurteilen sich selbst und fühlen sich niemals würdig oder berechtigt, Gott um Segen zu bitten. Sie halten sich auch nicht für geeignet, irgendeine Art von Dienst zu tun. Gott würde sie doch nie gebrauchen, um den Kranken die Hände aufzulegen, damit diese gesund würden. Für so etwas seien sie einfach nicht gut genug.

Als Lazarus aus dem Grab herauskommt, von Kopf bis Fuß mit Grabtüchern umwickelt, die von seiner Zeit als Toter übrig geblieben sind, befiehlt Jesus den Leuten, ihn von seinen Fesseln zu befreien, ihm die Grabtücher abzunehmen. Die Grabtücher stehen nicht für die Sünde; du und ich müssen also keine Sündenpolizisten sein, die dafür sorgen, dass die Menschen auf den rechten Weg kommen und von irgendwelchen Süchten oder schlechten Lebensgewohnheiten frei werden. Nein. Die Grabtücher stehen für Verurteilung. Unsere Aufgabe ist es, den Menschen die Verurteilung abzunehmen, damit sie frei sind, ihr neues Leben in Christus zu leben.

Wenn jemand sagt: »Ich habe richtig großen Mist gebaut und ich weiß nicht, ob Gott meine Gebete jemals erhören wird«, dann sagen wir: »Nein, du bist wie Jesus, und der sagt: ›Ich danke dir, Vater, dass du mich immer erhörst‹.« Wenn jemand sagt: »Ich tauge nicht für Gottes Segnungen (Selbstverurteilung)«, sagen wir: »Nein, Jesus hat dich tauglich gemacht.« Wenn Gläubige so miteinander reden, fallen die Grabtücher mit der Zeit ab. Wenn meine Frau mit den Elementen des Abendmahls zu mir kommt, mein Kinn anhebt, mir tief in die Augen blickt und zu mir sagt: »Der Vater sagt zu dir: ›Du bist mein geliebter Sohn, an dem ich Freude habe‹. Hörst du? Der Vater sagt, er freut sich über dich«, dann fallen die Grabtücher ab. Und wenn die Grabtücher ab sind, kann ich um alles bitten und bin dann voller Zuversicht und Kraft und erfüllt von der Herrlichkeit des Herrn.

Deine Auferstehung hat schon stattgefunden. Wenn du ein gläubiger Mensch bist, wurdest du zu neuem Leben erweckt. Du bist eine neue Kreatur – funkelnagelneu, durch und durch. Lass mich dir helfen, die Grabtücher abzulegen.

Der Vater sagt zu dir: »Du bist mein geliebtes Kind, an dem ich Freude habe. Ich freue mich an dir als meinem Kind nicht deshalb, weil du etwas Bestimmtes geleistet hättest, sondern einfach nur, weil du mein Kind bist. Zwischen dir und mir herrscht völliger Frieden; es ist alles in Ordnung. Nichts kann dich von meiner Liebe trennen. Es gibt für dich keine Verurteilung – weder jetzt noch irgendwann –, denn du teilst dir mit meinem Sohn denselben Geist. Wie ich ihn liebe, so liebe ich dich. Wie Christus ist, so bist auch du – hier und jetzt.«

Der Vater sagt noch mehr zu dir: »Du hast jedes Recht, meinen Segen zu empfangen. Jesus hat dich dafür qualifiziert. Ich nenne dich geheilt und ich nenne dich gesegnet. Ich nenne dich versorgt. Ich sage dir, dass du für immer vollkommen bist und nicht nur bis zu dem Moment, wenn du das nächste Mal sündigst. Nein, ich habe dich auf ewig vollkommen gemacht. Du gehörst zu mir und ich liebe dich. Du bist das Licht, das hell leuchtet. Du bist die prächtige Stadt auf dem Hügel, die von weitem zu sehen ist. Ich habe dich erschaffen und ich habe dich erlöst. Und es gibt nichts, womit du jemals meine Liebe zu dir schmälern könntest. Ich werde dich niemals verlassen oder aufgeben. Niemand kann dich aus meiner Hand reißen. Hör auf, dich für Fehltritte zu bestrafen. Es ist alles bereits beglichen. Lass es los. Ich bin der, der alles wiederherstellt, was die Heuschrecken gefressen haben. Ruhe in meiner Heilung und ruhe in meiner Liebe. Die Auferstehung gilt jetzt. Das ist der neue Bund. Dies ist die gute Nachricht. Es ist das, was Jesus erworben und wofür er bezahlt hat – in vollem Umfang!«

Wahre Gnade: Die Lehren Jesu

Viele Lehren Jesu sind für Christen ein Buch mit sieben Siegeln. Häufig werden sie missverstanden; das kann dramatische Auswirkungen darauf haben, wie wir Gott sehen und unsere Identität verstehen. Riether zeigt uns: Jesus wollte Menschen die Last des Gesetzes abnehmen und mit dem neuen Bund bekannt machen, in dem Gottes Liebe jede Angst vertreibt.

268 Seiten, Paperback, ISBN 978-3-95933-066-4
Auch als E-Book erhältlich.

Wahre Gnade: Die Gleichnisse Jesu

Dieses Buch soll helfen, die Gleichnisse Jesu im Licht des neuen Bundes zu betrachten. In einfacher und lebendiger Weise werden dem Leser die Geschichten nahegebracht, die Jesus erzählte, um die Menschen von dem alten Bund des Gesetzes zu befreien und sie mit dem neuen Bund des Geistes und der Gnade bekanntzumachen.

Weitere Bücher über das
Evangelium der Gnade findest du
auf **gracetoday.de**